Ulrich Thonemann / Klaus Behrenbeck
Raimund Diederichs / Jochen Großpietsch
Jörn Küpper / Markus Leopoldseder

Supply Chain Champions

Ulrich Thonemann / Klaus Behrenbeck
Raimund Diederichs / Jochen Großpietsch
Jörn Küpper / Markus Leopoldseder

Supply Chain Champions

Was sie tun und wie Sie einer werden

Bibliografische Information Der Deutschen Bibliothek
Die Deutsche Bibliothek verzeichnet diese Publikation in der Deutschen Nationalbibliografie;
detaillierte bibliografische Daten sind im Internet über <http://dnb.ddb.de> abrufbar.

Sofern nicht anders angegeben, sind die verwendeten Abbildungen bei iscm und
McKinsey & Company, Inc. erstellt worden.

1. Auflage Oktober 2003
Nachdruck Februar 2004

Alle Rechte vorbehalten
© Betriebswirtschaftlicher Verlag Dr. Th. Gabler/GWV Fachverlage GmbH, Wiesbaden 2003

Lektorat: Maria Akhavan-Hezavei
Redaktion: Textpertise Heike Virchow

Der Gabler Verlag ist ein Unternehmen von Springer Science+Business Media.
www.gabler.de

Umschlaggestaltung: Nina Faber de.sign, Wiesbaden
Druck und buchbinderische Verarbeitung: Wilhelm & Adam, Heusenstamm
Gedruckt auf säurefreiem und chlorfrei gebleichtem Papier
Printed in Germany

ISBN 3-409-12441-1

Inhaltsverzeichnis

Willkommen in der Welt der Supply Chain Champions

Kompromisslos – intelligent – konsequent. Mit diesen Schlagworten lässt sich das Management erfolgreicher Supply Chains treffend zusammenfassen. Denn die Champions unter den Supply Chain Managern wägen nicht zwischen Service und Kosten ab. Sie sind **kompromisslos** und wollen – und erreichen – **beides**: hervorragenden Service und geringe Kosten. Wie sie das schaffen? Indem sie ihre Supply Chains **intelligent** steuern. Sie verfügen über die Informationen, die wirklich erforderlich sind, um ihre Supply Chains effizient zu managen, und nutzen diese Informationen in ihren Prozessen und Organisationen optimal. Und wenn die Champions von einem Verbesserungsansatz überzeugt sind, dann setzen sie diesen **konsequent** um. Etwa, wenn der Handel überzeugt werden muss, verlässlichere Daten zu liefern oder Aktionen mit dem Hersteller gemeinsam zu planen. Aber auch, wenn es gilt, schwierige, funktionsübergreifende Entscheidungen zu treffen wie den Aufbau einer integrierten Supply-Chain-Organisation oder die Reduzierung der Sortimentsvielfalt. Was genau Supply Chain Champions anders und besser machen, zeigen wir Ihnen in diesem Buch.

Supply Chain Management heißt grenzenlose Optimierung. In diesem Buch geht es um Supply Chain Management. Aber was verstehen wir darunter? Formal ausgedrückt ist Supply Chain Management das Management aller Aktivitäten entlang der ganzen Wertschöpfungskette über den gesamten Produktlebenszyklus, also von der Rohstoffgewinnung bis zum Endkunden und von der Produktentwicklung bis zum After-Sales Service. So weit die Theorie. Tatsächlich ist es in der Konsumgüterindustrie und den meisten anderen Branchen noch ein weiter Weg, bis das Management der Supply Chain so umfassend angegangen wird – wenn dies überhaupt jemals geschehen wird. Denn die Komplexität bei der Koordination der Funktionen innerhalb des eigenen Unternehmens ist bereits gewaltig; umso komplexer ist es, die unternehmensinternen Funktionen mit denen der direkten Supply-Chain-Partner zu koordinieren. Diese Komplexität ist sicherlich einer der

Hauptgründe dafür, dass sich Supply Chain Management in den meisten Unternehmen noch auf die unternehmensinterne Wertschöpfungskette konzentriert und nur in ausgewählten Bereichen die direkten Partner der Supply Chain mit einbezieht.

Supply Chain Champions denken und handeln bereits über ihre eigenen Unternehmensgrenzen hinweg. Während mittelmäßige Hersteller ihre Managementressourcen für das Fine-Tuning einzelner Funktionen einsetzen und darüber nachdenken, ob sie ihre Bestände um einige Prozentpunkte senken sollten oder ob der Frachtraum nicht noch ein wenig günstiger einzukaufen wäre, haben die Champions diese Aufgaben schon längst gelöst. Sie denken in Gesamtprozessen und erkennen die Zusammenhänge innerhalb der Supply Chain, wissen beispielsweise, wie die Produktion reagieren muss, wenn die Lieferzeit verkürzt werden soll. Und sie konzentrieren sich nicht nur auf das eigene Unternehmen, sondern auf das, was den Endkunden wirklich interessiert: konstant verfügbare Ware im Regal des Händlers zu möglichst geringen Preisen.

Warum Sie die folgenden 170 Seiten lesen sollten

Praxisnähe garantiert. Wir stellen Ihnen Supply-Chain-Management-Ansätze vor, mit denen real existierende Konsumgüterhersteller und -händler ihre Lieferketten optimiert haben. Erfolgreiche Supply Chain Manager von Unternehmen wie Henkel, L'Oréal, dm-drogerie markt und Numico berichten, wie sie die Leistung ihrer Supply Chains verbessern konnten und wie es ihnen gelungen ist, Implementierungsprobleme zu überwinden. Um Ihnen die Optimierung Ihrer Supply Chain weiter zu erleichtern, präsentieren wir außerdem ein erprobtes Verbesserungsprogramm.

Die Welt der Champions – flächendeckend erkunden oder punktuell eintauchen. Wie sollten Sie dieses Buch lesen? Natürlich am besten von Cover zu Cover – so bekommen Sie den umfassendsten Einblick in die Erfolgsfaktoren des Supply Chain Managements. Sie können aber auch individuelle inhaltliche Schwerpunkte setzen – vielleicht dort, wo Sie in Ihrem Unternehmen die größten

Verbesserungspotenziale sehen. Dazu hier eine Übersicht, welche Aspekte des Supply Chain Managements in den einzelnen Kapiteln behandelt werden:

In **Kapitel 1, Supply-Chain-Leistung – messen, bewerten und vergleichen** geht es zunächst um die fundamentale Frage, was Supply-Chain-Leistung überhaupt ist, wie man sie bei Konsumgüterherstellern und Händlern misst und welche Leistung gute und weniger gute Unternehmen erzielen. Hier zeigen wir Ihnen außerdem, wie wir die Champions bei Herstellern und Händlern ermittelt haben – die Unternehmen, die in allen Leistungsdimensionen einen Vorsprung gegenüber den übrigen Unternehmen haben. Die Frage, wie die Champions diese Leistung erreichen, beantworten wir in den Kapiteln 2 bis 7. Dort beleuchten wir je einen der wichtigsten 6 Erfolgsfaktoren, die wir im Zuge unserer Studie identifiziert haben (Abbildung 1).

Abbildung 1: ERFOLGSFAKTOREN IM SUPPLY CHAIN MANAGEMENT

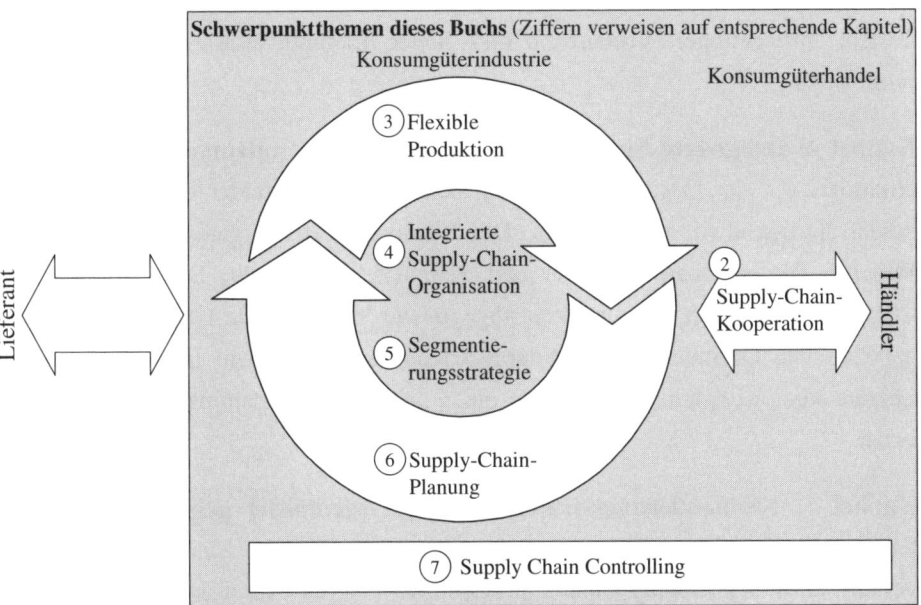

Kapitel 2, Supply-Chain-Kooperationen – Potenziale für Strategen. Hier geht es um einen entscheidenden Erfolgsfaktor des Supply Chain Management: die Wahl der richtigen Kooperationsstrategie für Hersteller und Händler. Wir zeigen, dass es 3 Kooperationsstrategien gibt, die je nach Situation des Unternehmens ihre Berechtigung haben. Anschließend erläutern wir, anhand welcher Kriterien ein Unternehmen für sich entscheiden kann, welche Strategie am Erfolg versprechendsten ist, und wie die einzelnen Strategien erfolgreich umgesetzt werden können.

Kapitel 3, Produktion – das Stiefkind des Supply Chain Management. Die Produktionskosten der Hersteller stellen den größten Teil der Kosten eines Produkts. Das effiziente Management der Produktion ist daher ein wichtiger Erfolgsfaktor in der Wertschöpfungskette. Umso erstaunlicher ist, dass die Produktion immer noch ein Stiefkinddasein im Supply Chain Management führt. Die Supply Chain Champions haben den hohen Stellenwert der Produktion erkannt. Wir berichten, wie sie ihre Produktion managen. Und wie sie es schaffen, zu geringen Produktionskosten, mit geringer Vorlaufzeit und hoher Lieferzuverlässigkeit flexibel zu produzieren.

Kapitel 4, Integrierte Supply-Chain-Organisation – miteinander statt gegeneinander. An der Organisation lassen sich die Konfliktfelder der Supply Chain besser als irgendwo sonst ablesen. Der Grund: Mit der Organisation werden die Weichen für effiziente Prozesse und Schnittstellen gestellt. Die Supply Chain Champions beweisen, dass nur klar abgegrenzte Supply-Chain-Organisationen eine ganzheitliche Optimierung der Supply Chain leisten können. Eins wird bei der Lektüre klar: Mit dem Aufzeichnen eines neuen Organigramms ist es hier nicht getan.

Kapitel 5, Segmentierungsstrategie – ein Gegenmittel gegen Komplexität. Kürzere Produktlebenszyklen und immer mehr Produktvarianten haben dazu geführt, dass viele Supply Chains in den letzten Jahren extrem komplex geworden sind. Das Problem dabei: Komplexität ist teuer. In diesem Kapitel erläutern wir, wie viel Komplexität akzeptabel ist und wie Komplexität beherrscht werden kann.

Kapitel 6, Supply-Chain-Planung – methodische und organisatorische Herausforderung. Die Planung ist das Kernstück der Steuerung von Supply Chains. Hier wird auch darüber entschieden, wie leistungsfähig die Supply Chain ist. Denn Potenziale, die bei der Planung verschenkt werden, sind durch operative Exzellenz allein nicht wettzumachen. Das Kapitel beschreibt den Teufelskreis schlechter Planung, in dem viele Unternehmen gefangen sind, und zeigt 3 methodisch fundierte Auswege auf, die durch organisatorische Maßnahmen gestützt werden.

Kapitel 7, Supply Chain Controlling – Management by KPIs. Das Supply Chain Controlling hilft dem Management, die operative Leistung des Unternehmens zu überwachen und dabei sowohl Gefahren als auch Verbesserungsmöglichkeiten aufzuzeigen. In diesem Kapitel erfahren Sie, wie Champions durch die Messung der richtigen Kennzahlen (KPIs = Key Performance Indicators) und deren regelmäßige und zuverlässige Kontrolle die Basis für Informationsvorsprünge in ihrer Supply Chain schaffen. Und dass sie diese Vorsprünge nur dann nutzen können, wenn das Gesamtsystem der Kennzahlen mit der Organisationsstruktur in Einklang steht.

Kapitel 8, Verbesserungsprogramm – so werden Sie ein Champion. Dieses Kapitel bildet den praxisorientierten Abschluss des Buchs. Nach der vorangegangenen Erläuterung der Best Practice anhand der 6 wichtigsten Erfolgsfaktoren von Kooperation bis Controlling geht es hier um die Umsetzung von Verbesserungsansätzen. Dazu stellen wir ein Programm vor, das – aufbauend auf einer kurzen Diagnosephase – das Vorgehen bei der Umsetzung eines Supply Chain Redesigns beschreibt. Wir bringen in dieses Kapitel nicht nur unsere Erfahrung aus zahlreichen Supply-Chain-Projekten ein, sondern lassen auch Praktiker zu Wort kommen: Manager des niederländischen Nahrungsmittelherstellers Royal Numico und der Henkel-Gruppe beschreiben, wie sie konkret vorgegangen sind, um ihre Supply-Chain-Leistung zu verbessern.

* * *

Mit diesem Buch hoffen wir Ihnen ein Werkzeug an die Hand zu geben, mit dem Sie Ihre Supply Chain einmal aus einem neuen Blickwinkel betrachten können. Die Verbesserungen umsetzen müssen Sie. Der Weg zum Champion ist lang und nicht immer einfach – die Ergebnisse rechtfertigen jedoch den Einsatz.

Studie iscm Münster/McKinsey:

Auf der Suche nach den Supply Chain Champions

Welche die wesentlichen Erfolgsfaktoren im Supply Chain Management sind und wie sie in der Praxis umgesetzt werden können, kann man von den Unternehmen lernen, die ihre Supply Chains am besten managen – den Supply Chain Champions. Um diese Champions zu finden und zu analysieren, starteten das Institut für Supply Chain Management (iscm) der Universität Münster und McKinsey & Company im Sommer 2002 ein umfangreiches Forschungsprojekt. Wir wollten wissen, was erfolgreiche Supply Chains erfolgreich macht und welche Konzepte im Supply Chain Management wirklich funktionieren.

Eine der größten Untersuchungen. In der ersten Projektphase hatten wir die 74 umsatzstärksten Konsumgüterhersteller und die 34 umsatzstärksten deutschen Händler angesprochen und wollten deren Interesse an einer Mitwirkung an unserer Studie ausloten. 40 Hersteller und 18 Händler – eine überdurchschnittlich hohe Quote – haben schließlich an unserer Studie teilgenommen. Von Juli bis November 2002 haben wir die Supply Chains dieser Unternehmen untersucht. An erster Stelle stand die Messung der Supply-Chain-Leistung anhand von Kennzahlen. Anschließend haben wir die Erfolgsfaktoren für Supply-Chain-Leistung – mit unserer Untersuchung geschah dies zum ersten Mal überhaupt – systematisch erhoben und mit statistischen Auswertungen untermauert.

Mit insgesamt 58 Logistik- oder Produktionsverantwortlichen, Vertriebsleitern oder Einkaufsmanagern – je ein Gesprächspartner pro Unternehmen – haben wir dazu ausführliche persönliche Interviews geführt. Dabei haben wir Daten und Informationen über Prozesse erfasst und anschließend ausgewertet. Die Ergebnisse werden in diesem Buch präsentiert.

Daten aus allen Supply-Chain-Prozessen erhoben und ausgewertet. Die erhobenen Daten umfassen alle Supply-Chain-Prozesse, von der Produktion (z.B. Produktionserfüllung, Flexibilität) über Planungsprozesse (z.B. Vorhersage-genauigkeit, Verwendung einer Frozen Period) hin zum Kundenmanagement und der Distribution (z.B. Verwendung von elektronischem Datenaustausch, Liefermodus, Logistikstrukturen). Um eine hohe Datenqualität zu gewährleisten, haben wir zur Erfassung der Daten Fragebögen verwendet. Sie gaben die über 100 abzufragenden quantitativen Daten zu Kennzahlen, Prozessen, Strukturen und Konzepten vor und enthielten außerdem einen Leitfaden für qualitative Fragen. In den qualitativen Interviewfragen wollten wir Genaueres über den strategischen Schwerpunkt des Supply Chain Managements in den einzelnen Unternehmen erfahren. Und wir wollten wissen, wie die Manager zukünftige Supply-Chain-Entwicklungen einschätzen.

Auf Unternehmen mit schnelldrehenden Produkten konzentriert. Der Zweck unserer Untersuchung war ein Benchmarking und die statistisch fundierte Ableitung von Erfolgsfaktoren im Supply Chain Management. Die Voraussetzung dafür: vergleichbare Daten. Aus diesem Grund haben wir nur Lieferketten mit ähnlichen Waren betrachtet. Den Schwerpunkt der Untersuchung haben wir auf Hersteller und Händler schnelldrehender Lebensmittel (ohne Frischeprodukte) und Drogerieartikel gelegt, insbesondere Fertignahrungsmittel, Kaffee/Tee, Kosmetika, Wasch-, Putz- und Reinigungsmittel sowie Zellstoffprodukte und Klebstoffe.

Die Champions bleiben anonym. Wir beschreiben in diesem Buch ausführlich die Erfolgsfaktoren der Supply Chain Champions – wer die Champions sind, verraten wir nicht. Warum? Weil uns unsere Gesprächspartner darum gebeten haben, ihre Aussagen nicht ihrem Unternehmen zuzuordnen – was angesichts der Interna, in die wir für Sie Einblick erhalten haben, nur verständlich ist. Wichtig war uns, dass Sie, die Leser dieses Buchs, möglichst viel von den Supply Chain Champions lernen und möglichst detaillierte Anregungen und Handlungsanweisungen für Ihre eigene Supply Chain bekommen. Dafür ist es unseres Erachtens unerheblich, welcher Champion genau welchen Erfolgsfaktor umsetzt.

1. Supply-Chain-Leistung –

messen, bewerten und vergleichen

Spieglein, Spieglein an der Wand, wer hat die beste Supply Chain im ganzen Land? In den Führungsetagen der Konsumgüterhersteller und Händler stehen die Supply Chains und ihre Leistung regelmäßig auf der Tagesordnung. Zwischen der Diskussion von strategischen Themen und der Lösung von Ad-hoc-Problemen beschäftigt die Unternehmensführung und die Supply-Chain-Verantwortlichen immer auch die Frage: Wie gut ist unser Supply Chain Management eigentlich?

In diesem Kapitel zeigen wir Ihnen zuerst, welche Unternehmen landläufig als „Supply-Chain-kompetent" gelten und warum. Danach erläutern wir, wie man Supply-Chain-Leistung messen kann und stellen Ihnen die Ergebnisse eines Benchmarking vor, für das wir 40 der größten deutschen Konsumgüterhersteller und 18 große deutsche Einzelhändler befragt haben. Hierbei hat sich gezeigt, dass subjektive Wahrnehmung und Fakten durchaus voneinander abweichen können: Die Unternehmen, die oft von sich reden machen, sind nicht unbedingt auch die Besten ihrer Klasse. Zum Abschluss dieses Kapitels erfahren Sie dann auch, was sie genau auszeichnet, die Titelgeber dieses Buchs, die in allen Leistungskennzahlen Top-Werte erreichen: die Supply Chain Champions.

Subjektive Einschätzung und objektive Messung

der Supply-Chain-Leistung

Die üblichen Verdächtigen. Fragt man Manager, welche Konsumgüterhersteller ihrer Meinung nach über eine leistungsfähige Supply Chain verfügen, fallen den meisten in erster Linie die großen, prestigeträchtigen Unternehmen mit starken Marken ein. Nach einer in *Logistik heute* (Mai 2001) veröffentlichten Studie gelten Procter & Gamble, Henkel, Johnson & Johnson, Coca-Cola und Masterfoods als besonders vorbildlich im Management ihrer Supply Chains. In diese Einschätzung der befragten Manager scheint allerdings ihr Urteil über das Gesamtunternehmen sehr stark einzufließen. Ein großer Hersteller, der über Jahrzehnte hinweg kontinuierlich hohe Wachstumsraten erzielt hat und gleichzeitig hochprofitabel arbeitet, muss schließlich auch im Management der Supply Chain gute Arbeit leisten. So zumindest die weit verbreitete Meinung.

Tue Gutes und rede darüber. Auch Publikationen über interne Prozessverbesserungen und Kooperationsprojekte werden häufig als Indikator für die Leistungsfähigkeit einer Supply Chain gesehen. Schaut man sich die Fachpresse der Konsumgüterindustrie und der Logistik an, stößt man immer wieder auf dieselben Namen. Diese Unternehmen kommunizieren ihre Aktivitäten im Supply Chain Management besonders freizügig nach außen; sie führen Pilotprojekte mit innovativen Supply-Chain-Ansätzen und -Methoden durch und berichten über die Erfolge dieser Projekte in der Fachpresse und auf Kongressen.

Wir haben in den Ausgaben der *Lebensmittelzeitung* des Jahres 2002 recherchiert, wie häufig insgesamt 55 größere Konsumgüterhersteller mit schnelldrehenden Produkten aus den Kategorien Fertignahrungsmittel, Kaffee/Tee, Wasch-, Putz- und Reinigungsmittel, Kosmetika, Zellstoffprodukte und Klebstoffe in redaktionellen Beiträgen zum Thema Supply Chain/Logistik/Kooperation erwähnt wurden. Das Ergebnis: 58% der Beiträge befassten sich mit nur 5 Konsumgüterherstellern – Henkel, Nestlé, Kraft, Procter & Gamble und Unilever. Die übrigen 42% der Nennungen verteilten sich auf die anderen 50 Hersteller.

Schein oder Sein? Mit diesem Ergebnis wollten wir uns noch nicht zufrieden geben. Wir fragten deshalb bei unseren Gesprächspartnern, die wir im Rahmen unserer empirischen Untersuchung interviewt haben, genauer nach: Die Händler haben wir gebeten, die Supply-Chain-Leistung der 50 größten Konsumgüterhersteller zu bewerten. Parallel dazu wollten wir von den Konsumgüterherstellern wissen, wie sie die Leistungsfähigkeit der Supply Chains der 30 größten deutschen Handelsunternehmen einschätzen. Das Ergebnis: Große Unternehmen und Unternehmen, die häufig über fortschrittliche Managementansätze berichten, werden durchweg für kompetenter gehalten als ihre kleineren und „verschwiegeneren" Wettbewerber.

Unsere Recherche hat also bestehende Untersuchungen und landläufige Experten-
meinungen eindeutig bestätigt.

Wir lassen Fakten sprechen. Meinungen und Einschätzungen waren uns aber auch
noch nicht aussagekräftig genug. Denn allein von außen betrachtet sind selbst für
Experten weder die tatsächliche Leistungsfähigkeit einer Supply Chain noch die
internen Supply-Chain-Prozesse zu erkennen. Für unsere empirische Untersuchung
wollten wir die rein subjektive Bewertung der Supply-Chain-Kompetenz daher mit
einer auf Fakten basierenden internen Leistungseinschätzung absichern und
ergänzen.

Dazu haben wir die Ziele des Supply Chain Managements herangezogen. Eine
Supply Chain ist demnach dann besonders leistungsfähig, wenn sie die Konsu-
mentenbedürfnisse optimal erfüllt und gleichzeitig den Gesamtaufwand in der
Lieferkette gering hält. Daraus ergeben sich zwei Leistungsdimensionen: Service
und Aufwand.

- **Service:** die Befriedigung der Kundenbedürfnisse durch die bedürfnis-
  gerechte und flexible Bereitstellung der Produkte.

- **Aufwand:** der gesamte Ressourcenaufwand in der Supply Chain.

In den folgenden beiden Abschnitten stellen wir Ihnen die Kennzahlen vor, anhand
derer wir diese beiden Leistungsdimensionen bei Herstellern und Händlern untersucht und die Supply Chain Champions herausgefiltert haben.

Messung von Supply-Chain-Leistung

1. Erhebung von quantitativen Daten. Qualitative Aussagen können die quantitativen Leistungskennzahlen ergänzen, diese aber nicht ersetzen.

2. Berücksichtigung von Service **und** Aufwand. Servicekennzahlen beschreiben, was die Supply Chain für das Unternehmen leistet; Aufwandskennzahlen beschreiben, was die Supply Chain das Unternehmen kostet. Wir haben beide Dimensionen parallel betrachtet, denn das Verhältnis von Service zu Aufwand bestimmt den Beitrag der Supply Chain zur Wertschöpfung.

3. Erfassung eines repräsentativen Ausschnitts aus der Konsumgüterindustrie und dem Handel. Um valide Ergebnisse zu liefern, haben wir 40 Hersteller und 18 Händler befragt. Die Untersuchung konzentrierte sich auf mehrere, aber nicht allzu verschiedene Kategorien von Unternehmen, d.h., alle Unternehmen sind vergleichbar im Hinblick auf ihr Produkt-/Warenspektrum.

Supply-Chain-Leistung der Hersteller

4 Kennzahlen für die Hersteller. Die Supply-Chain-Leistung ergibt sich aus dem Verhältnis von Service zu Aufwand. Bei unserer Untersuchung der Konsumgüterhersteller haben wir Daten für beide Leistungsdimensionen erhoben. Die Leistungskennzahlen für die Bewertung des **Service** der Supply Chain umfassen Servicelevel und Lieferzeit:

- **Servicelevel:** nach Menge, Zeit und Qualität korrekt erfüllte Auftragspositionen in Prozent aller Positionen.

- **Lieferzeit:** durchschnittliche Lieferzeit von Auftragseingang bis Auslieferung in Tagen.

Diese beiden quantitativen Kennzahlen decken zwar die wichtigsten, aber nicht alle Facetten des Service ab. Für ergänzende Analysen haben wir daher zusätzlich Daten zur Flexibilität der Unternehmen und zur Kundenzufriedenheit erhoben. Bei der faktenorientierten Leistungsmessung haben wir uns aber allein auf die Kennzahlen Servicelevel und Lieferzeit gestützt.

Die Leistungskennzahlen für die Bewertung des **Aufwands** der Supply Chain sind die Logistikkosten und der Fertigwarenbestand:

- **Logistikkosten:** Kosten für Distributionslager und Transporte in Prozent vom Umsatz.

- **Fertigwarenbestand:** durchschnittliche Bestandsreichweite des Fertigwarenbestands, gemessen in Kalendertagen. Um Verzerrungen durch unterschiedliche Zinssätze oder Wertansätze für Fertigware zu vermeiden, haben wir den Bestand nicht über die Kapitalkosten in die Bewertung einfließen lassen.

Kosten für die Verwaltung der Supply Chain (Planungskosten, Overhead-Kosten usw.) haben wir bewusst nicht berücksichtigt, weil sie nicht direkt der Supply-Chain-Leistung zugeordnet werden können. Die Produktionskosten haben wir ebenfalls nicht quantitativ abgefragt – zu groß sind die Unterschiede zwischen der Produktion von Waschmitteln und Tütensuppen (um einmal 2 Beispiele zu nennen), als dass ein Vergleich sinnvoll wäre.

Verwaltung und Produktion gehen zwar nicht in die direkte Leistungsbewertung ein, fallen aber dadurch nicht aus der Untersuchung heraus: Diese beiden Aspekte haben wir durch stärker subjektive und prozessorientierte Fragen abgedeckt; sie werden daher bei den Stellhebeln des Supply Chain Managements, in den Kapiteln 2 bis 7, detailliert erörtert.

Starke Streuung bei den Ergebnissen. Die Ergebnisse unserer Leistungsmessung zeichnen ein sehr heterogenes Bild der Konsumgüterhersteller; einige Unternehmen haben sogar erhebliche Leistungsdefizite. Ein Beispiel: Der Servicelevel bei einzelnen Auftragspositionen reicht von sehr guten 99,9% bis zu 90,5% der

Positionen – also von fast kontinuierlicher Verfügbarkeit bis zu akuten Engpässen. Um Ihnen den Unterschied zwischen Spitzenleistung und Durchschnittsleistung entlang der 4 erhobenen Kennzahlen zu verdeutlichen, vergleichen wir im Folgenden zunächst die Leistungen der Top-5-Unternehmen für jede Kennzahl mit der Durchschnittsausprägung der Kennzahlen. Danach möchten wir Ihnen zeigen, dass es in der Tat Unternehmen gibt, die bei allen Kennzahlen Leistungen auf oberstem Niveau erreichen.

Top 5 deutlich besser. Die besten 5 Hersteller melden einen durchschnittlichen Servicelevel von 99,8%, während der Durchschnitt bei 97,5% liegt (Abbildung 1-1).

Abbildung 1-1: BENCHMARKING KONSUMGÜTERHERSTELLER

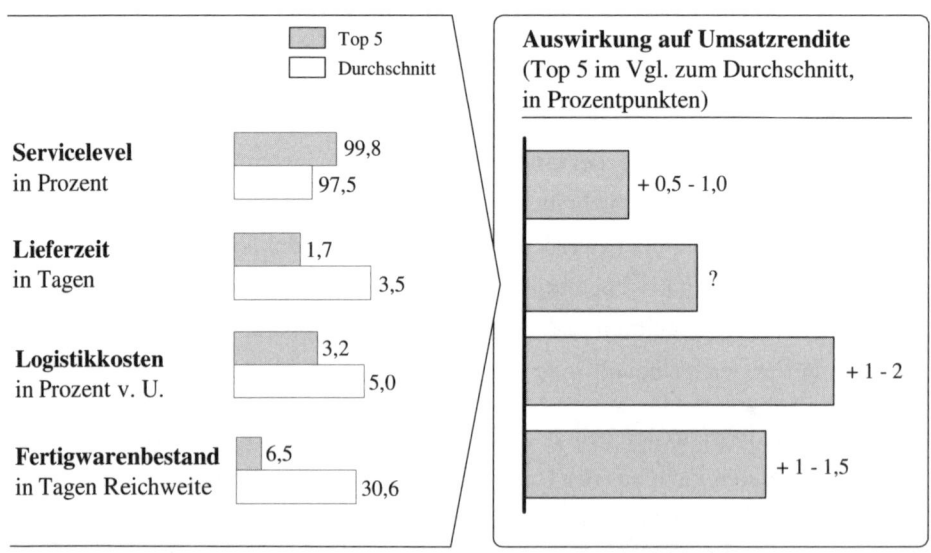

Hätten wir kleinere Unternehmen oder kritische Produktkategorien (etwa den Frischebereich) in unsere Untersuchung mit einbezogen, wären die Ausreißer noch deutlicher. Ein ähnliches Bild ergibt sich bei der Betrachtung der 3 anderen objektiven Leistungskennzahlen: Die Lieferzeit von durchschnittlich 3,5 Tagen halbiert sich bei den besten Unternehmen auf 1,7 Tage. Die Logistikkosten der besten

Hersteller liegen bei 3,2% vom Umsatz im Gegensatz zu 5,0% im Durchschnitt. Beim Fertigwarenbestand ist der absolute Abstand der Top-5-Unternehmen zum Durchschnitt noch gravierender: Während der Bestand an Fertigwaren beim Durchschnitt über 30 Tage reicht, beträgt die Bestandsreichweite bei den Top-5-Unternehmen nur 6,5 Kalendertage.

Leistung zahlt sich aus. Niedrigere Logistikkosten machen sich bezahlt: Die Unterschiede zwischen dem Durchschnitt, bei dem sich die Logistikkosten auf 5% des Umsatzes belaufen, und den Top 5 (3,2% des Umsatzes) können sich in einer bis zu 2% höheren Umsatzrendite niederschlagen. Bewertet man die Differenz beim Fertigwarenbestand zwischen 30,6 und 6,5 Tagen mit kalkulatorischen Kapitalkosten, entspricht dies ungefähr einem Prozentpunkt zusätzlich erzielbarer Umsatzrendite. Bei geringerem Bestand sinkt zudem die Gefahr von Schwund und Obsoleszenz sowie der Aufwand für die Lagerhaltung.

Die Wirkung von Servicelevel und Lieferzeit auf die Umsatzrendite ist schwieriger zu bewerten. Schließlich befindet sich zwischen Herstellerlager und dem Endkunden noch der Händler, so dass Lieferausfälle der Industrie nicht automatisch zu Regallücken führen müssen. Ist ein Produkt jedoch nicht im Handel vorhanden, so kauften im Rahmen einer *ECR-Studie* 37% der untersuchten Verbraucher ein Konkurrenzprodukt. Diese Werte variieren je nach Produktkategorie und Kundenloyalität, man kann insgesamt aber davon ausgehen, dass der um 2,3% geringere Servicelevel der Durchschnittsunternehmen im Vergleich zu den Top 5 noch einmal 0,5 bis 1% verlorene Umsatzrendite durch geringeren Umsatz der Hersteller bedeuten kann. Hinzu kommen langfristige Effekte, wie der dauerhafte Verlust von Kunden bei anhaltenden Servicelevel-Problemen.

Die Wirkung dieser Unterschiede auf die Umsatzrendite ist also dramatisch. Wenn ein Unternehmen bei allen 4 Leistungskennzahlen zu den Spitzenperformern zählen würde, hätte es gegenüber dem Durchschnitt einen Profitabilitätsvorsprung, bezogen auf die Umsatzrendite, von ca. 4%. Gibt es Unternehmen, die in allen Leistungsdimensionen überlegen sind, oder erkaufen sich die Unternehmen guten Service mit hohem Aufwand?

Viel Service mit wenig Aufwand. Die detaillierte Auswertung der Supply-Chain-Leistung (Verhältnis von Service zu Aufwand) fördert Überraschendes zu Tage: Unternehmen, die in der Leistungsdimension Service gut abschneiden, bezahlen dies nicht zwangsläufig mit erhöhtem Aufwand. Geringe Kosten und guter Service schließen sich also nicht aus; der viel beschworene Trade-off zwischen Service und Aufwand ist empirisch nicht nachweisbar.

Vielmehr scheinen sich die Faktoren Service (Effektivität) und Aufwand (Effizienz) zu ergänzen und gegenseitig verstärken zu können, wie Abbildung 1-2 zeigt: 7 Unternehmen verfügen über eine gleichermaßen serviceorientierte wie kosten-effiziente Lieferkette. Diese Unternehmen haben wir als „Supply Chain Champions" bezeichnet. Die anderen Unternehmen haben wir „Verfolger" genannt. Sie weisen gegenüber den Champions zum Teil beträchtliche Defizite auf:

Abbildung 1-2: LEISTUNGSPROFIL VON SUPPLY CHAIN CHAMPIONS UND VERFOLGERN – HERSTELLER

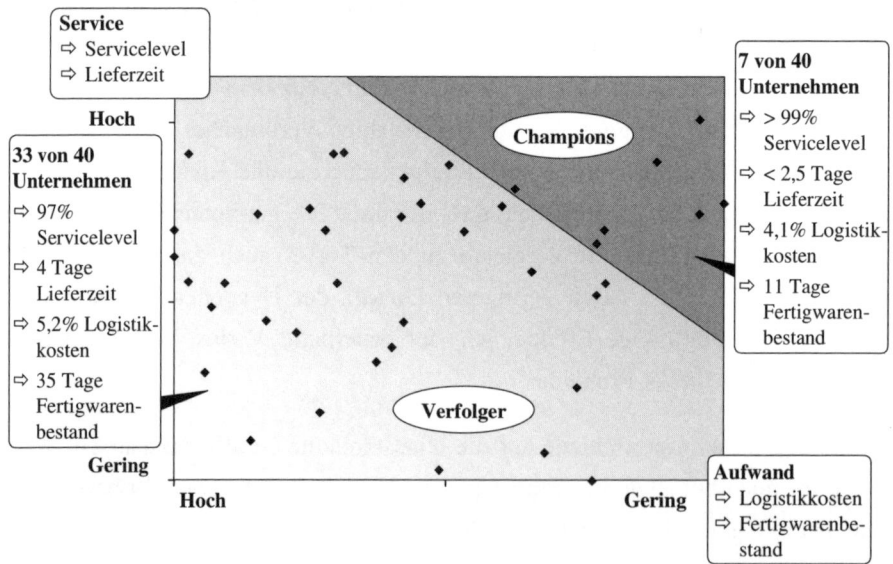

- **Supply Chain Champions:** Die Champions erreichen einen durchschnitt-lichen Servicelevel von 99% bei einer Lieferzeit von weniger als 2,5 Tagen, Logistikkosten von 4,1% und einer Bestandsreichweite von 11 Tagen. Damit sind sie bei allen 4 Kennzahlen nicht weit von den oben vorgestellten Spitzenwerten je Kennzahl der Top 5 entfernt. Die Champions erbringen also eine rundum gute Supply-Chain-Leistung – ohne Kompromisse zwischen Effektivität und Effizienz.

- **Verfolger:** Die Verfolgergruppe investiert zwar im Schnitt 5,2% ihres Umsatzes in die Logistik und hat eine Bestandsreichweite von 35 Tagen, dieser Aufwand steht aber in keinem ausgewogenen Verhältnis zu seiner Wirkung: Die Lieferzeit beträgt durchschnittlich 4 Tage, der Servicelevel beträgt lediglich 97,2%.

Innerhalb der Verfolger lassen sich weitere Untergruppen bilden mit Unternehmen, deren Leistung nicht sehr von der der Champions abweicht, und solchen, die weit abgeschlagen liegen und mit wesentlich schlechteren Service-Aufwands-Relationen arbeiten. Die Beobachtung des ehemaligen Toyota-CEO Taichi Ohno scheint genau auf diese Unternehmen gemünzt zu sein: „Je mehr Artikel man auf Lager hat, desto unwahrscheinlicher ist es, genau den einen Artikel vorrätig zu haben, den der Kunde gerade will."

Einige Überraschungen. An dieser Stelle haben wir die Liste unserer empirisch bestimmten Champions und Verfolger mit der Liste der Unternehmen verglichen, die bei Experten als Kompetenzführer im Supply Chain Management gelten. Das Ergebnis überrascht teilweise: Unter den Champions sind durchaus einige der großen, renommierten Konsumgüterhersteller mit gutem Supply-Chain-Ruf; einige eher unbekannte Mittelständler gehören jedoch ebenfalls dazu.

Alle Champions haben allerdings eins gemeinsam: durchgängig gute Werte bei allen Kennzahlen, weil sie gut durchdachte Konzepte konsequent umsetzen. So manches Großunternehmen, das subjektiv als leistungsstark eingestuft wurde, zeigt objektiv Defizite auf und könnte von den Champions einiges lernen.

Wie vergleicht man Äpfel mit Birnen?

Der Vergleich der Supply-Chain-Leistung ist komplizierter als es auf den ersten Blick aussieht: Ist Unternehmen A mit 50% höherem Bestand, aber 1% höherem Servicelevel als Unternehmen B besser oder schlechter als Unternehmen B? Oder allgemeiner formuliert: Welcher Datenmix bei den verschiedenen Kennzahlen der Supply Chains gilt als überlegen?

Damit ein Leistungsvergleich überhaupt möglich ist, müssen die einzelnen Kennzahlen vergleichbar gemacht, d.h. gewichtet und aggregiert werden. Hierfür bieten sich zwei Arten von Verfahren an, parametrische und nicht-parametrische Verfahren.

- Parametrische Verfahren geben Gewichtungen für die einzelnen Kennzahlen vor und bestimmen so eine eindeutige Rangfolge der verschiedenen Leistungsdimensionen. Die Gewichtungen können durch Expertenschätzung bestimmt oder anhand theoretischer Modelle abgeleitet und dann eingesetzt werden. Ein einfaches parametrisches Vorgehen zur Aggregation der Supply-Chain-Leistung ist die Vorgabe von prozentualen Gewichtungen für jede Kennzahl.

- Bei nicht-parametrischen Verfahren wird die Gewichtung nicht vorgegeben, sondern durch das Verfahren selbst berechnet. Ein modernes nicht-parametrisches Verfahren zur Effizienzbewertung ist die Data Envelopment Analysis (DEA). Die DEA zeichnet sich dadurch aus, dass die Gewichtungen für jedes Unternehmen individuell bestimmt werden und so strategischen Präferenzen Rechnung tragen können. Ein Beispiel: Wenn ein Kosmetikhersteller längere Lieferzeiten hat als ein Lebensmittelhersteller, dies aber für sein Sortiment durchaus üblich ist, kann die DEA dies berücksichtigen, indem sie für ihn z.B. den Servicelevel anstelle der Lieferzeit stärker gewichtet.

Die Ergebnisse zur Supply-Chain-Leistung in diesem Buch haben wir anhand einer einfachen linear-additiven Aggregation der verschiedenen Kennzahlen ermittelt. Bei der Auswertung der Daten haben wir die Ergebnisse jedoch zusätzlich anhand verschiedener Methoden wie der DEA hinterfragt und überprüft. Die Anzahl der Champions bei den Konsumgüterherstellern z.B. haben wir anhand der DEA mit 7 ermittelt.

Supply-Chain-Leistung des Handels

4 Kennzahlen im Handel. Auch bei den Handelsunternehmen haben wir Service- und Aufwandskennzahlen getrennt untersucht. Allerdings galt es hier, andere Einflussgrößen zu betrachten als bei den Herstellern. Um den Service zu messen, haben wir im Handel die Regalverfügbarkeit und die interne Lieferzeit erhoben:

- **Regalverfügbarkeit:** Anteil durchschnittlich verfügbarer regulärer Artikel in Prozent aller regulären Artikel (ohne Distributionslücken).

- **Interne Lieferzeit:** durchschnittliche Lieferzeit in Tagen von der Filialdisposition an das Zentrallager bis zum Einräumen ins Regal.

Um den Aufwand zu ermitteln, haben wir den Gesamtbestand in Zentrallager und Filialen erhoben und weitere Kostenarten subjektiv einschätzen lassen:

- **Gesamtbestand:** Bestandsreichweite in Tagen von Zentrallager und **Filialen**, wobei der Gesamtfertigwarenbestand für das Trockensortiment Food (also ohne Frisch- und Kühlware usw.) gemessen wurde.

- **Kosten:** subjektive Einschätzung der eigenen Kostensituation durch die Unternehmen auf einer Skala von 0 (kein Kostensenkungspotenzial mehr) bis 100 (hohes Kostensenkungspotenzial) für die Bereiche Zentrallogistik, Filiallogistik und Auftragsbearbeitung.

Kosten subjektiv bewertet. Für die subjektive Einschätzung der Kostensituation eines Unternehmens durch unsere Interviewpartner haben wir uns entschieden, weil insbesondere die Logistikkosten im Handel schwer vergleichbar sind. Sie hängen stark vom Handelstyp und von der Lage der Geschäfte ab (z.B. Innenstadt vs. grüne Wiese) und müssen daher differenzierter betrachtet werden. Wir haben deshalb auf die quantitative Erhebung von Logistikkosten und anderen Kostenarten ganz verzichtet und stattdessen den Durchschnitt der Kosteneinschätzungen als subjektive Kostenbewertung in die Analyse eingerechnet.

Top 3 mit großem Vorsprung. Auch bei den Handelsunternehmen ist die Diskrepanz zwischen den besten Unternehmen und dem Durchschnitt groß. Die Spitzengruppe haben wir auf Grund der kleineren Grundgesamtheit auf die Top-3-Unternehmen begrenzt (Abbildung 1-3). Das Ergebnis: Bei den drei Besten beträgt die Warenverfügbarkeit im Schnitt 98,8%, bei allen Händlern zusammengenommen nur 96,4%. Während die drei Besten eine Lieferzeit von einem Tag im Schnitt nicht überschreiten, liegt der gesamte Durchschnitt bei 1,8 Tagen. Für die Top 3 konnten wir zudem einen Bestand von 19,1 Tagen ermitteln – der Durchschnitt beträgt 34,4 Tage. Bei der Kosteneinschätzung erreichen die Top 3 einen Wert von 16, während der Durchschnitt auf 36 kommt.

Abbildung 1-3: BENCHMARKING HANDEL

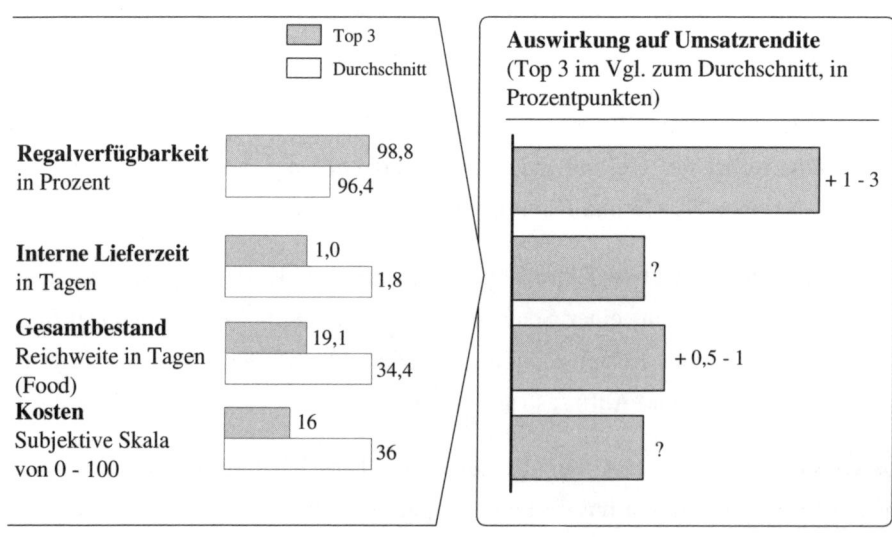

Höhere Rendite durch bessere Leistung. Die Auswirkung der Supply-Chain-Leistung auf die Umsatzrendite ist auch bei den Handelsunternehmen erheblich. Bei der Leistungskennzahl Regalverfügbarkeit ist für die Top-3-Unternehmen ein besonders großer Effekt auf die Umsatzrendite festzustellen. Verglichen mit dem Servicelevel der Hersteller ist er sogar noch höher, und zwar aus 2 Gründen: Zum einen gibt es keine nachfolgende, ausgleichende Supply-Chain-Stufe, keinen Puffer; zum anderen wandern Kunden sofort oder später zu Wettbewerbern ab, wenn sie das gewünschte Produkt nicht im Regal vorfinden – und zwar mit ihrem gesamten Warenkorb. Die Konsequenz: Umsätze und Folgeumsätze brechen eventuell weg. Nach der *ECR-Studie* zur Warenverfügbarkeit wechseln – mit Unterschieden je nach Produkt und Kategorie – durchschnittlich 21% der Verbraucher das Geschäft, wenn ihre bevorzugte Marke nicht vorrätig ist. Weitere 26% verzichten auf den Einkauf des Produkts oder verschieben ihn.

Daher kann der Unterschied bei der Regalverfügbarkeit zwischen den Top 3 (98,8%) und dem Durchschnitt (96,4%) die Umsatzrendite je nach Situation um 1 bis 3 Prozentpunkte verringern. Bei der Bestandsreichweite ergibt sich zwischen den Top-Unternehmen und dem Durchschnitt eine Differenz von 15 Tagen – mit einer möglichen Wirkung auf die Umsatzrendite von 0,5 bis 1 Prozentpunkten für den betrachteten Bereich der schnelldrehenden Food-Kategorien. Auch hier gilt also: Wenn es einem Unternehmen gelänge, in allen Dimensionen gleichzeitig zur Spitze zu gehören, könnte es dadurch seine Umsatzrendite um bis zu 4% verbessern.

Champions im Handel. Wie schon bei den Herstellern, haben wir schließlich auch im Handel die gesamte Supply-Chain-Leistung untersucht und dabei Supply Chain Champions identifiziert. Diese Händler erreichen hohe Werte in der Leistungsdimension Service bei gleichzeitig geringem Aufwand. Es ergibt sich jedoch ein etwas anderes Bild als bei den Herstellern (Abbildung 1-4).

Abbildung 1-4: LEISTUNGSPROFIL VON SUPPLY CHAIN CHAMPIONS UND VERFOLGERN – HANDEL

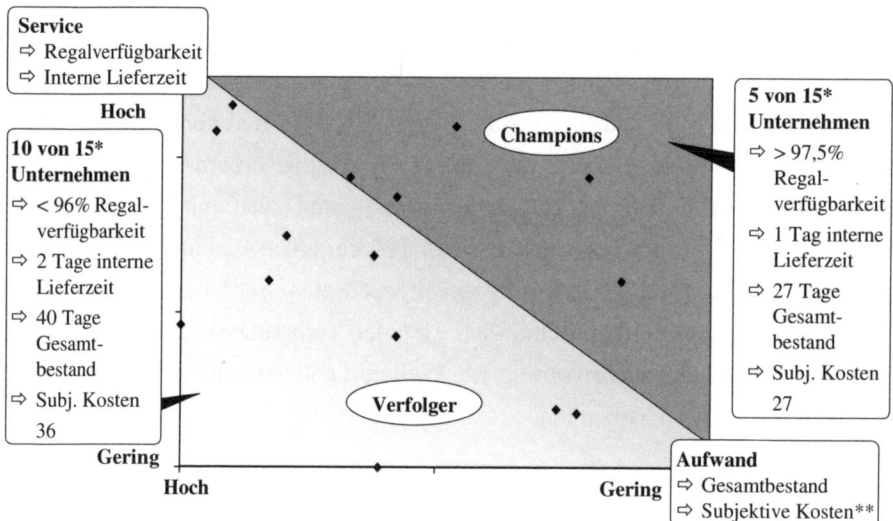

* Grundgesamtheit = 18 Unternehmen; 3 Unternehmen ohne ausreichende Datenbasis
** Subjektive Einschätzung der Kostensituation

Während bei den Herstellern kein Zusammenhang zwischen Service und Aufwand feststellbar war (ein guter Service war auch bei geringem Aufwand möglich), sehen wir nun bei den Händlern einen etwas deutlicheren Zusammenhang: Händler mit guten Servicewerten „investieren" tendenziell auch mehr in die Supply Chain. Sehr stark ausgeprägt ist dieser Zusammenhang aber auch beim Handel nicht.

Nur einige wenige Handelsunternehmen schaffen es, die Leistung ihrer Supply Chain durch gutes Management zu erhöhen; 5 Händler erreichen ein überdurchschnittlich gutes Verhältnis zwischen Service und Aufwand – die Supply Chain Champions des Handels. Auch im Handel sind die Champions den Verfolgern auf allen Kennzahlen überlegen:

- **Supply Chain Champions:** Die 5 Champions erreichen im Durchschnitt eine Regalverfügbarkeit von über 97,5% bei einer internen Lieferzeit von nur 1 Tag. Ihr Gesamtbestand reicht knapp 1 Monat.

- **Verfolger:** Ungünstig ist das Verhältnis von Input zu Output bei den 10 anderen Händlern. Die Verfolger halten zwar mit 40 Tagen Bestand deutlich mehr Waren in ihren Lagern vor als die Champions; sie brauchen jedoch mehr als 2 Tage, um eine interne Nachschubbestellung zu erfüllen und erreichen eine Regalverfügbarkeit von weniger als 96%.

Für 3 Handelsunternehmen reichen die Daten nicht aus, um eine vollständige Einordnung vorzunehmen.

Von den Champions lernen

Die Unterschiede in der Supply-Chain-Leistung der Unternehmen sind bei Händlern und Herstellern erheblich. Aus der Betrachtung der Champions – insbesondere der der Industrie – haben wir eine grundlegende Erkenntnis gewonnen: Eine höhere Effektivität (hoher Servicelevel, kurze Lieferzeiten) entsteht nicht automatisch, indem mehr in die Supply Chain investiert wird, d.h. höhere Logistikkosten akzeptiert oder höhere Bestände vorgehalten werden. Entscheidend ist vielmehr das gekonnte Management der gesamten Supply Chain. Dann lässt sich auch bei vergleichsweise geringerem Aufwand eine Leistung erzielen, die besser ist als die der Wettbewerber – die Supply Chain Champions leben es vor.

Das Erfolgsrezept der Champions. Was ist ihr Erfolgsrezept? Welche Zutaten verwenden sie? Wie sind diese Zutaten zu mischen, um im eigenen Unternehmen das Optimum zu erreichen?

Um diese Fragen zu beantworten, haben wir die Supply-Chain-Konzeptionen der Champions genauer untersucht und analysiert, was genau sie anders machen als die Verfolger. Dabei haben wir für die Hersteller 6 Erfolgsfaktoren identifiziert, die sehr eng mit der Supply-Chain-Leistung zusammenhängen: Supply-Chain-Kooperation, flexible Produktion, integrierte Supply-Chain-Organisation, Anwendung einer Segmentierungsstrategie, Supply-Chain-Planung und Supply Chain Controlling (Abbildung 1-5). Die relative Bedeutung der Erfolgsfaktoren haben wir ermittelt, indem wir die Korrelationskoeffizienten zwischen den wichtigsten Einzelinstrumenten und der Supply-Chain-Leistung insgesamt errechnet haben. Korrelationskoeffizienten über null deuten auf einen gleich gerichteten Zusammenhang hin: Bei hoher Ausprägung der Supply-Chain-Kooperation ist auch die Supply-Chain-Leistung insgesamt hoch. Je höher der Korrelationskoeffizient ist (Maximum = 1), desto deutlicher ist dieser Zusammenhang.

Abbildung 1-5: BEDEUTUNG DER ERFOLGSFAKTOREN – HERSTELLER
Korrelation mit Supply-Chain-Leistungsindikator*

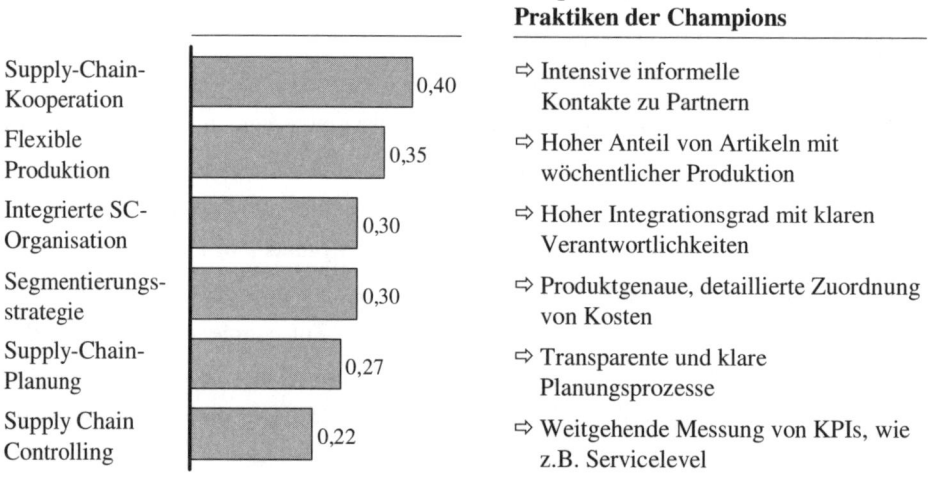

	Beispiele für Praktiken der Champions
Supply-Chain-Kooperation — 0,40	⇨ Intensive informelle Kontakte zu Partnern
Flexible Produktion — 0,35	⇨ Hoher Anteil von Artikeln mit wöchentlicher Produktion
Integrierte SC-Organisation — 0,30	⇨ Hoher Integrationsgrad mit klaren Verantwortlichkeiten
Segmentierungsstrategie — 0,30	⇨ Produktgenaue, detaillierte Zuordnung von Kosten
Supply-Chain-Planung — 0,27	⇨ Transparente und klare Planungsprozesse
Supply Chain Controlling — 0,22	⇨ Weitgehende Messung von KPIs, wie z.B. Servicelevel

* Korrelationskoeffizienten über null deuten einen gleich gerichteten Zusammenhang an (z.B. bei hoher Ausprägung der Supply-Chain-Kooperation ist auch der Supply-Chain-Leistungsindikator hoch). Je höher der Korrelationskoeffizient, desto deutlicher dieser Zusammenhang.

Für die Händler erweisen sich – mit Ausnahme der Produktion – dieselben Erfolgsfaktoren als relevant (Abbildung 1-6). Allerdings ist die konkrete Ausgestaltung und die relative Bedeutung der einzelnen Erfolgsfaktoren eine andere.

Abbildung 1-6: BEDEUTUNG DER ERFOLGSFAKTOREN IM HANDEL
Korrelation mit Supply-Chain-Leistungsindikator

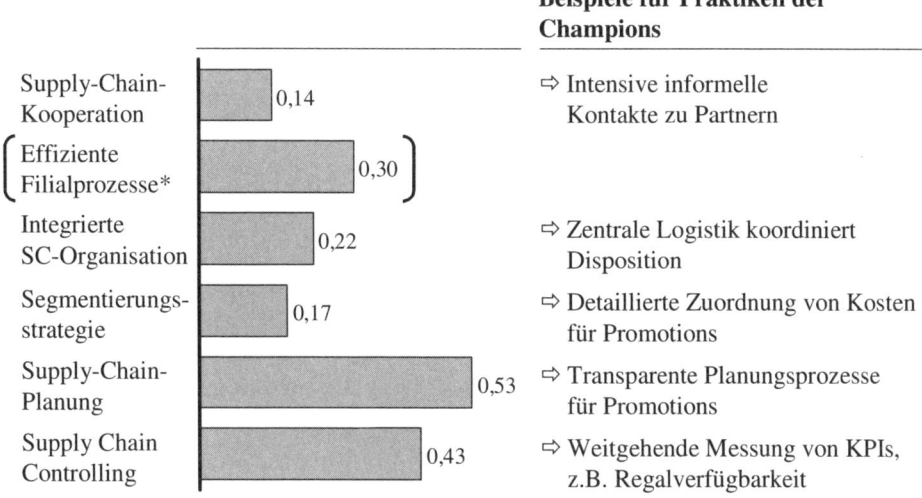

Beispiele für Praktiken der Champions

Supply-Chain-Kooperation — 0,14 — ⇨ Intensive informelle Kontakte zu Partnern

Effiziente Filialprozesse* — 0,30

Integrierte SC-Organisation — 0,22 — ⇨ Zentrale Logistik koordiniert Disposition

Segmentierungsstrategie — 0,17 — ⇨ Detaillierte Zuordnung von Kosten für Promotions

Supply-Chain-Planung — 0,53 — ⇨ Transparente Planungsprozesse für Promotions

Supply Chain Controlling — 0,43 — ⇨ Weitgehende Messung von KPIs, z.B. Regalverfügbarkeit

* Nicht Gegenstand dieses Buchs

Die folgenden 6 Kapitel erläutern die 6 Erfolgsfaktoren aus Abbildung 1-5 in der dort dargestellten Reihenfolge ihrer Bedeutung für die Konsumgüterhersteller. Die Kapitel sind im Sinne einer einfachen Handhabbarkeit einheitlich gegliedert: Zunächst beschreiben wir jeweils die typischen Spannungsfelder und Probleme rund um den spezifischen Erfolgsfaktor. Im Anschluss stellen wir den erfolgreichen Konzepten, die wir bei den Champions identifiziert haben, jeweils typische Defizite bei den Verfolgern gegenüber. Schließlich erfahren Sie, wo Hersteller ansetzen können, um konkrete Verbesserungen zu erzielen. In einem Abschnitt am Ende eines jeden Kapitels konkretisieren wir dann die jeweilige Bedeutung der Erfolgsfaktoren für den Handel.

2. Supply-Chain-Kooperation –
Potenziale für Strategen

Viele der Einzelinstrumente, die unter der Überschrift „Supply Chain Management" gern als neue Ideen verkauft werden, sind ganz und gar nicht neu, sondern schon seit langem aus dem Logistikmanagement, dem Marketing oder dem Lean Management der Produktion bekannt. Das eigentlich Neue am Supply Chain Management ist die Zusammenführung dieser Instrumente. Dabei rücken unternehmensübergreifende Prozesse zunehmend in den Mittelpunkt des Interesses, da viele Verbesserungsansätze ihre Wirkung nur durch Kooperation zwischen den Supply-Chain-Partnern entfalten können. Kein Thema innerhalb des Supply Chain Management ist jedoch – insbesondere in deutschen Unternehmen – so umstritten wie die Kooperation.

Dieses Kapitel gibt Antworten auf die Frage nach der Machbarkeit und Notwendigkeit von Supply-Chain-Kooperationen, zeigt, inwieweit Kooperationen in der deutschen Konsumgüterindustrie eingegangen werden und stellt 3 Kooperationsmodelle vor. Dabei wird ausführlich erläutert, für welche Unternehmen sich die verschiedenen Modelle eignen.

Kooperieren oder nicht kooperieren?

Eine wichtige Institution auf dem Gebiet der Kooperation zwischen Industrie und Handel ist die Efficient Consumer Response (ECR)-Initiative. Auf den ECR-Konferenzen treffen sich regelmäßig Entscheidungsträger aus Konsumgüterindustrie und Einzelhandel und besprechen Möglichkeiten der besseren Zusammenarbeit.

ECR ist auf der Vorstandsagenda. Wie wichtig die ECR-Konferenzen für den Konsumgütersektor sind, zeigen die Teilnehmerlisten: Viele Markenhersteller und Händler werden dort von ihrem Top-Management repräsentiert. Die Unternehmen sind zudem in Arbeitsgruppen und Projekten der ECR-Initiative engagiert. Neben der Optimierung der Kooperation im konkreten Einzelfall ist das Ziel dieser Projekte, grundlegende Ansätze für eine bessere Kooperation zwischen Industrie und Handel (weiter) zu entwickeln. All diese Aktivitäten sind Belege für die strategisch hohe Bedeutung von Kooperationen innerhalb der Supply Chain.

Kooperation als Renditetreiber? Das Potenzial von Supply-Chain-Kooperationen ist enorm: Nach Berechnungen der *European Value Chain Analysis* der ECR-Initiative für schnelldrehende Konsumgüter sind durch eine bessere Kooperation zwischen Industrie und Handel Einsparungen in Höhe von mehr als 5% der Endverbraucherpreise zu erzielen. Diese Zahl wird durch die Erfolgsnachrichten vieler Einzelprojekte gestützt: 50 bis 80% niedrigere Bestandskosten, 10% mehr Umsatz und 5% mehr Ertrag sind in Pilotprojekten keine Seltenheit. Insbesondere kleine und mittlere Unternehmen fragen sich angesichts der Kooperationserfolge von renommierten Herstellern und Händlern inzwischen oft, ob sie nicht etwas verpasst haben, und überlegen, auf den Kooperationszug aufzuspringen.

Manche Unternehmen sind noch skeptisch. Einige Unternehmen halten sich in Bezug auf Supply-Chain-Kooperationen jedoch auffallend zurück. In Gesprächen mit den betreffenden Supply-Chain-Verantwortlichen lassen sich zwei Hauptgründe heraushören: Entweder wird das Potenzial der Kooperation als geringer eingeschätzt, als einzelne ECR-Erfolgsmeldungen glauben machen, oder es fehlt das Vertrauen in die Supply-Chain-Partner.

Gründe für eine geringere Einschätzung des Potenzials sind vor allem hohe Investitionen in Technologie und Prozessänderungen. Hinzu kommt der manuelle Arbeitsaufwand, der insbesondere in den Pilotphasen anfällt, also solange die Kooperationen noch nicht automatisch ablaufen. Kooperationsskeptiker bezweifeln, dass diese erhöhten Aufwendungen bei der Berechnung der Potenziale berücksichtigt wurden.

Viele Manager trauen zudem den möglichen Kooperationspartnern nicht über den Weg. „Wenn ich den ersten Schritt mache, werde ich übervorteilt", hörten wir immer wieder in den Gesprächen mit Supply Chain Managern. Sie spiegeln die Zurückhaltung der Unternehmen wider oder – deutlicher gesagt – das Misstrauen untereinander.

Der Einstieg in die Kooperation fällt schwer in einer Branche, die traditionell stark von konfrontativen Jahresgesprächen geprägt ist. Doch wie sieht der aktuelle Stand in Konsumgüterindustrie und Einzelhandel aus? In welchem Umfang kooperieren die deutschen Hersteller mit dem Handel, und auf welchen Gebieten tun sie das? Diese Fragen beantworten wir im folgenden Abschnitt.

Die Eiszeit ist vorbei

Positive Einstellung gegenüber Kooperationen. Eine wichtige Erkenntnis unserer empirischen Untersuchung ist, dass die Mehrzahl der interviewten Unternehmen Kooperationen inzwischen generell positiv gegenübersteht. Die Unternehmen teilen überwiegend die Auffassung, dass Industrie und Handel gleiche Interessen haben und miteinander mehr zu erreichen ist als gegeneinander. Bei der Umsetzung von Kooperationen in der Praxis unterscheiden sich Champions und Verfolger allerdings erheblich (Abbildung 2-1).

Abbildung 2-1: STATUS DER SUPPLY-CHAIN-KOOPERATION IN DER INDUSTRIE

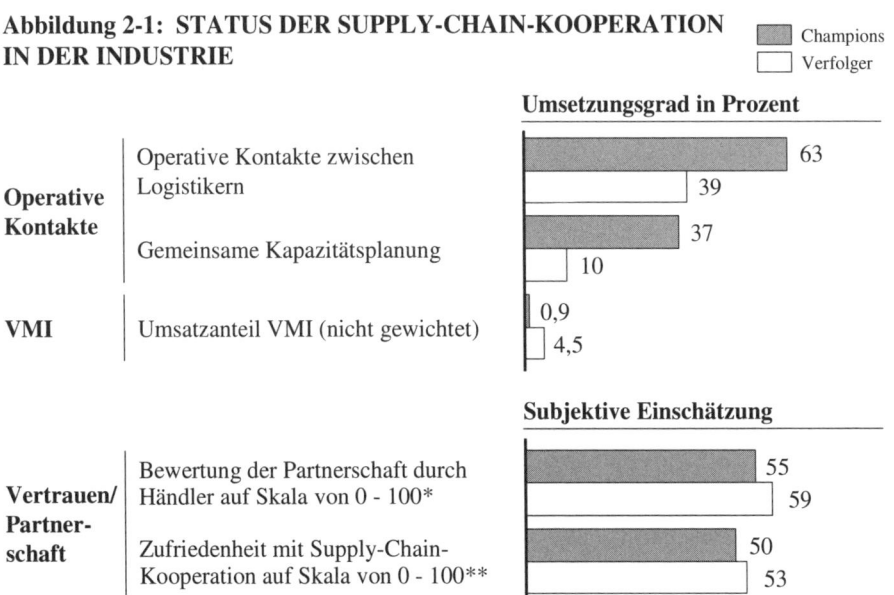

* 0 = Händler sehen Hersteller nicht als partnerschaftlich, 100 = … sehr partnerschaftlich
** 0 = Hersteller bewertet SC-Kooperation als nicht konstruktiv, 100 = … sehr konstruktiv

Champions nutzen operative Kontakte. Der größte Unterschied zwischen Champions und Verfolgern besteht darin, wie intensiv sie auf operativer Ebene mit anderen Unternehmen kooperieren. Die Best Practice der Hersteller ist dadurch gekennzeichnet, dass auch Logistiker und andere operative Supply-Chain-Beteiligte wie Absatzplaner und IT-Spezialisten im direkten Kontakt mit den Händlern stehen. Solche intensiven Kontakte sind bei Supply Chain Champions zu 63% umgesetzt, bei den Verfolgern jedoch nur zu 39%. Gute informelle Kontakte sind allerdings oft Gold wert. In der Logistik kann dadurch eine Vielzahl von operativen Problemen vermieden werden, z.B. kann bei Verspätungen oder Mengenabweichungen durch informelle Abstimmung oft eine schnelle Lösung gefunden werden. Wenn die Absatzplaner direkten Zugang zu Informationen über geplante Aktionen der wichtigsten Händler erhalten, wird ihre Planung außerdem wesentlich genauer.

Auch bei der Kapazitätsplanung kann die Absprache mit wichtigen Partnern wesentlich zur Leistungsfähigkeit der Supply Chain beitragen. Wenn der Hersteller die Promotiontermine seines Kunden kennt, kann er die Produktion von speziell für diese Promotions angefertigten Displays langfristig abgestimmt auf alle Promotiontermine aussteuern. Und in der Logistik können gesonderte Vereinbarungen über Liefermodi getroffen werden. Champions haben die langfristige Absprache von Kapazitäten mit ihren Kunden zu 37% umgesetzt. Bei den Verfolgern ist dies nur zu 10% der Fall.

Das Vertrauen ist vorhanden. Industrie und Handel bauen zwar nur langsam gegenseitiges Vertrauen auf, haben aber inzwischen schon einiges erreicht: Die Vertrauenswerte auf einer Skala von 0 (Hersteller verhalten sich nicht partnerschaftlich) bis 100 (Hersteller verhalten sich sehr partnerschaftlich) liegen inzwischen durchschnittlich bei 58 und damit über dem Mittelwert von 50. Das bedeutet, dass Händler die Hersteller öfter als gute Partner empfinden denn als unkooperativ. Die Supply Chain Champions erreichen mit einer durchschnittlichen Bewertung von 55 im Vergleich zu 59 bei den Verfolgern zwar eine geringfügig schlechtere Bewertung; dieser geringe Unterschied ist jedoch nicht aussagekräftig.

Champions: hoher Anspruch, gutes Ergebnis. Der offene Austausch und die konstruktive Grundeinstellung zur Zusammenarbeit sind zweifellos wichtig. Kooperationen auf der „Friede-Freude-Eierkuchen-Ebene" sind allerdings wenig effektiv. Supply Chain Champions aus der Industrie sind mit der Zusammenarbeit mit ihren Partnern im Schnitt sogar geringfügig weniger zufrieden als die Verfolger. Mit einem Wert von 50 auf einer Skala von 0 (Zusammenarbeit nicht konstruktiv) bis 100 (Zusammenarbeit sehr konstruktiv) bewerten sie die Konstruktivität der Beziehungen als noch verbesserungsfähig. Die Verfolger beurteilen die Zusammenarbeit mit einem Wert von 53 geringfügig positiver. Strategische Erklärungen, die eine gute Kooperation zusichern, und Zufriedenheit mit dem Erreichten bedeuten eben nicht, dass operativ wirklich ergebnisrelevante Verbesserungen stattfinden. Eine hohe Anspruchshaltung und eine grundsätzlich konstruktive, aber inhaltlich fordernde Beziehung zu den Partnern ist wesentlich effektiver.

VMI – das ewige Pilotprojekt. Vendor Managed Inventory (VMI)-Projekte werden schon seit einem Jahrzehnt ausführlich diskutiert. Bei einer VMI-Kooperation übernimmt der Hersteller die Disposition des Warenbestands im Lager des Handels und erhält dafür zusätzliche Informationen über Abverkäufe und Lagerdaten. Die Vorteile von VMI sind einleuchtend: Die Bestände sinken und der Servicelevel steigt, weil durch bessere Planungsinformationen doppelte Sicherheitsbestände vermieden werden können. Außerdem reduzieren sich die Frachtkosten, und die Industrie gewinnt mehr Spielraum in der Produktionsplanung, da sie die Dispositionsentscheidungen mit ihrer internen Planung abstimmen kann. Gleichzeitig entfällt der Dispositionsaufwand auf Seiten des Handels.

Den Durchbruch in Deutschland hat VMI jedoch noch nicht geschafft. Nur 18 der 58 befragten Hersteller und Händler setzen VMI überhaupt ein. Selbst die VMI-Vorreiterunternehmen aus Industrie und Handel haben Schwierigkeiten, mehr als 30% ihres Gesamtumsatzes mit VMI abzudecken. Da die Vorteile von VMI jedoch erst mit steigendem Umsatzanteil wirken, dürfte sich VMI daher im Moment nur für die wenigsten Hersteller tatsächlich auszahlen.

Für die Champions aus der Industrie spielt VMI keine entscheidende Rolle: Sie wickeln durchschnittlich knapp 1% ihres Umsatzes (nicht gewichtet) über VMI ab.

Die Verfolger erreichen mit 4,5% zwar einen höheren Anteil, aber auch hier ist der VMI-Einsatz nur bei wenigen Unternehmen wirklich leistungsrelevant. Wegen der Höhe der Investitionen übernehmen größere Unternehmen die Vorreiterrolle beim VMI-Einsatz.

CPFR – vom Piloten zum Standard? Derzeit macht bei den Planungsprozessen ein anderes Kooperationsprojekt von sich reden: Collaborative Planning, Forecasting, and Replenishment (CPFR). Im Rahmen von CPFR werden Absatzprognosen zwischen Industrie und Handel ausgetauscht, ständig aktualisiert und miteinander abgestimmt. Die gemeinsame Planung umfasst in der Regel einen Zeitraum von 3 Monaten, so dass Planungsfehler noch frühzeitig erkannt und korrigiert werden können. Der Vorteil von CPFR gegenüber VMI ist, dass nicht mit vergangenheits-bezogenen Daten gearbeitet wird, sondern aktuelle Bedarfs- und Bestellprognosen erstellt und regelmäßig aktualisiert werden. Aus diesen Prognosen leitet sich dann die Bestellung ab.

CPFR beschränkt sich derzeit noch auf einige wenige Pilotprojekte, so dass noch kein branchenweiter Effekt sichtbar ist. Da CPFR bei einigen großen Konsumgüter-herstellern aber bereits auf der Tagesordnung steht, ist eine stärkere Verbreitung von CPFR wohl nur noch eine Frage der Zeit. Wie bei VMI gilt jedoch auch für CPFR, dass eine signifikante Ergebniswirkung erst ab einem Mindestumsatz eintritt, der im Moment noch in weiter Ferne liegt.

Das richtige Kooperationsmodell

Entscheidend ist der eigene Vorteil. Supply Chain Champions bestimmen im Rahmen ihrer Gesamtstrategie, welchen Beitrag eine Kooperation für ihr Geschäft leisten kann. Die Champions zeichnen sich dabei durch eine offene und kooperative Grundhaltung aus. Im Mittelpunkt jeder Kooperation steht für sie aber immer der Mehrwert, den beide Partner durch die Zusammenarbeit erzielen können. Dazu legen sie zuerst die Richtlinien für Kooperationen auf **strategischer Ebene** fest. Hierbei entscheiden sie unabhängig von einzelnen Aufträgen und Produkten, inwieweit sie mit ihren Partnern der vor- und nachgelagerten Wertschöpfungsstufen kooperieren. Es folgt die Umsetzung dieser Strategie auf der **taktischen** und der **operativen Ebene**. Mit Instrumenten wie EDI oder VMI können die Beziehungen zwischen den Partnern auf diesen Ebenen optimiert werden (Abbildung 2-2).

Abbildung 2-2: EBENEN DER SUPPLY-CHAIN-KOOPERATION

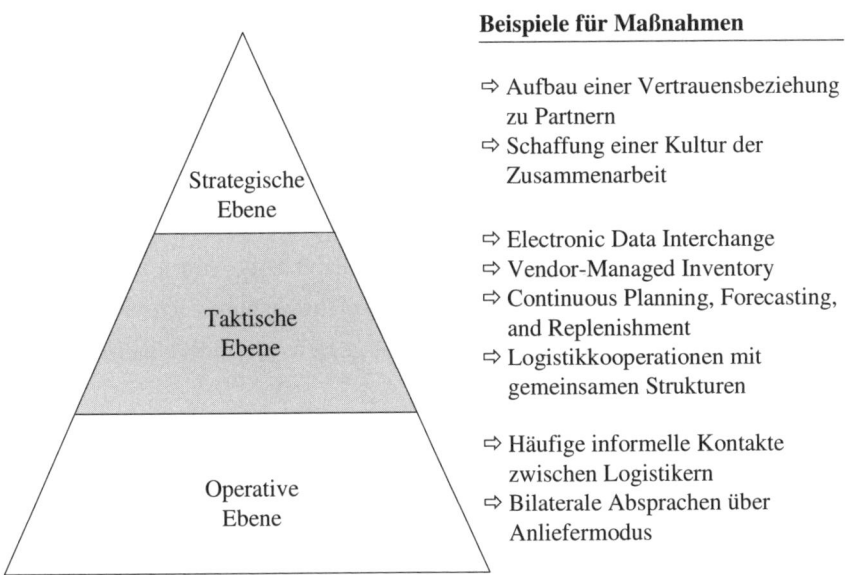

Beispiele für Maßnahmen

⇨ Aufbau einer Vertrauensbeziehung
   zu Partnern
⇨ Schaffung einer Kultur der
   Zusammenarbeit

⇨ Electronic Data Interchange
⇨ Vendor-Managed Inventory
⇨ Continuous Planning, Forecasting,
   and Replenishment
⇨ Logistikkooperationen mit
   gemeinsamen Strukturen

⇨ Häufige informelle Kontakte
   zwischen Logistikern
⇨ Bilaterale Absprachen über
   Anliefermodus

Strategische Ebene: Teamwork statt Alleingang. Auf der strategischen Ebene wird bestimmt, welche Bedeutung der Kooperation zugemessen wird. Wer sind die entscheidenden Partner? Wie weit geht das Vertrauen, und wie viel ist das Unternehmen bereit, in die Partnerschaft zu investieren? Gibt es eine langfristige gemeinsame Ausrichtung und Abstimmung?

Kooperative Supply-Chain-Beziehungen kann ein Unternehmen dabei umso erfolgreicher eingehen, wenn 3 Bedingungen erfüllt sind: Erstens sollten die beteiligten Unternehmen mit der Kooperation übereinstimmende Ziele verfolgen; nur dann kann eine Zusammenarbeit langfristig zu für alle zufrieden stellenden Ergebnissen führen. Zweitens müssen die Unternehmenskulturen kompatibel sein. Und drittens müssen die Partner einander vertrauen.

Vom Kunden lernen. Henkel und dm-drogerie markt gelten in Deutschland als Vorreiter für eine partnerschaftliche Zusammenarbeit zwischen Lieferant und Kunde. Im Rahmen des „Vertiko-Projekts" haben die Unternehmen die gegenseitige Vertrauensbasis weiter ausgebaut. Dazu wurden Mitarbeiter von Henkel Wasch- und Reinigungsmittel und dm-drogerie markt zu den Themen Einkauf/Verkauf, Category Management, EDI/Administration und Supply Chain Management befragt. Bei der Auswertung wurde eine Fülle von Schwachstellen in der Zusammenarbeit identifiziert, die den Unternehmen zuvor verborgen gewesen waren.

Wichtigstes Ergebnis des Projekts: Durch die gemeinsamen Kontakte im Zuge der Befragungen hat sich das ohnehin schon gute Verhältnis zwischen den beiden Unternehmen und ihren Mitarbeitern weiter verbessert. Die Zusammenarbeit zwischen Henkel und dm ist inzwischen so weit institutionalisiert, dass sie nicht mehr an einzelnen Mitarbeitern hängt, sondern unabhängig von Einzelpersonen Bestand hat. Darüber hinaus haben die beiden Unternehmen aber auch viel über ihre internen Schwachstellen erfahren und können nun gezielt ihre individuellen Stärken nutzen und Probleme gemeinsam angehen.

Taktische Ebene: Investitionen in die Zusammenarbeit. Auf der taktischen Ebene wird hauptsächlich festgelegt, in welcher Form bei Planung und Auftragsabwicklung kooperiert werden soll. Eine Schlüsseltechnologie für die Vereinfachung der Bestellvorgänge ist Electronic Data Interchange (EDI). Durch EDI entfällt die manuelle Übermittlung von Daten; auch größere Datenmengen können schnell und fehlerfrei übermittelt werden. Entscheidend für die Ausschöpfung des Nutzens von EDI-Projekten ist, dass EDI mit den internen Prozessen nahtlos verknüpft wird. In einem Beispielunternehmen wurden die per EDI empfangenen Daten ausgedruckt, manuell bearbeitet und wieder in ein anderes System eingetippt. In diesem Fall war EDI lediglich ein teurer Ersatz für ein Faxgerät. Auch bei einer elektronischen Schnittstelle mit anderen Systemen schalten viele Unternehmen noch eine manuelle Fehlerkontrolle und Bearbeitung ein. Der Effizienzgewinn erschließt sich aber erst dann, wenn die elektronische Anbindung stabil und fehlerfrei funktioniert – und auch genutzt wird. Dann kann EDI der Ausgangspunkt für einen weitergehenden Datenaustausch und umfassende Kooperationsprojekte sein: Im Rahmen eines VMI-Projekts etwa kann der Hersteller die Bestandsführung im Handelslager übernehmen. Oder die Unternehmen können im Rahmen einer CPFR-Kooperation die Planung auf eine gemeinsame Basis stellen und dadurch besser miteinander abstimmen.

Die Instrumente der taktischen Kooperationsebene haben eins gemeinsam: Sie sind meist mit größeren Investitionen verbunden. Der Nutzen der Projekte stellt sich meist erst langfristig ein und ist zu Beginn noch nicht genau abzuschätzen. Ob sich die Investition in solche Kooperationsprojekte lohnt, muss daher jedes Unternehmen für sich bewerten und entscheiden.

Operative Ebene: kein Warenfluss ohne Informationsfluss. Bei der operativen Abwicklung von Materialflüssen fallen eine Vielzahl von Koordinationsaufgaben an, z.B. die Planung und Steuerung von Aktionen und die Absprache von Lieferterminen und Zeitfenstern. Ist die Zusammenarbeit der beiden Kooperationspartner konstruktiv, erfüllen die Logistiker diese Aufgaben in einem regen Austausch miteinander. So können viele Probleme schon frühzeitig auf dem „kleinen Dienstweg" behoben werden. Herrscht dagegen eine weniger kooperative Einstellung bei den Partnern – oder einem der Partner – vor, werden operative Schwierigkeiten tendenziell öfter über den offiziellen Weg von Einkauf und Vertrieb eskaliert und beanspruchen so zusätzlich die Zeit des Managements.

Intensiverer Austausch – bessere Supply-Chain-Leistung. In gut funktionierenden kooperativen Beziehungen können die Unternehmen eine Reihe von Daten austauschen, die über das zur Abwicklung der Transaktionen notwendige Minimum hinausgehen. Diese zusätzlichen Informationen – z.B. Abverkaufsdaten (POS-Daten), Bestandsdaten oder interne Kennzahlen wie der Servicelevel oder die Warenverfügbarkeit im Handel – können für das Management der Supply Chain sehr wertvoll sein: POS-Daten helfen Herstellern z.B. bei der Analyse von Aktionen und der Aktualisierung von Absatzprognosen. Bestandsdaten können verwendet werden, um frühzeitig zu erkennen, ob im Handel Bestand aufgebaut wird. Weitere Kennzahlen wie Servicelevel oder Warenverfügbarkeit können als Feedback für die eigene Supply-Chain-Leistung genutzt werden und so zur Identifizierung von Defiziten beitragen.

Nicht jeder Partner ist ein Gewinner. Kooperationen sind tendenziell positiv zu bewerten. Bei intensiverem Informationsaustausch, besserer Abstimmung der Unternehmen untereinander und ansonsten unveränderten Bedingungen sollte die Supply Chain effizienter werden. Allerdings ergibt sich nicht in jedem Fall eine Win-Win-Situation für die beteiligten Unternehmen. Betrachtet man nämlich – wie bei anderen Investitionen auch – nicht nur den Nutzen, sondern auch die Kosten der Kooperation, so kann die Bilanz der Zusammenarbeit je nach Gesamtstrategie und Unternehmensgröße durchaus negativ ausfallen.

Für jeden das richtige Kooperationsmodell. Nicht alle Unternehmen streben daher die gleiche Kooperationsintensität an. Wir haben bei den Supply Chain Champions 3 verschiedene Kooperationsmodelle identifiziert, die jeweils eng an eine Kooperationsstrategie gekoppelt sind und sich auf allen beschriebenen Ebenen – d.h. auf der strategischen, auf der taktischen und auf der operativen Ebene – umsetzen lassen (Abbildung 2-3).

Abbildung 2-3: 3 KOOPERATIONSMODELLE

	Der Liebling des Handels	Der Wählerische	Der Neinsager
Strategische Partnerschaften	⇨ Viele	⇨ Wenige	⇨ Kaum
Taktische Kooperations-projekte	⇨ Viele Projekte, oft ohne klaren Fokus	⇨ Wenige Projekte mit strategischer Bedeutung	⇨ Keine größeren Kooperationsprojekte
Wahrnehmung durch Handel	⇨ Vorreiter im Supply-Chain-Mangement → Hoch kompetent → Guter Partner	⇨ Akzeptierter Supply-Chain-Partner → Hoch kompetent → Nur teilweise partnerschaftlich	⇨ Unterschiedliche Wahrnehmung ⇨ Oft Defizite in Kompetenz und Partnerschaft
Voraussetzung für erfolgreiche Umsetzung	⇨ Effiziente interne Supply-Chain-Prozesse ⇨ Guter Ruf im Supply Chain Management	⇨ Effiziente interne Supply-Chain-Prozesse ⇨ Evtl. Marktmacht	⇨ Keine besondere Voraussetzung
Sinnvoll für ...	⇨ Große Hersteller mit hoher Investitions-bereitschaft	⇨ Hersteller aller Größen mit klaren strategischen Schwerpunkten	⇨ Hersteller mit Defiziten in den internen Supply-Chain-Prozessen ⇨ Hersteller mit beson-deren Geschäftsformen

Der Liebling des Handels: langfristige Vorteile sichern. Das erste Modell nennen wir „Liebling des Handels". Die Lieblinge des Handels sind umtriebig und kooperativ. Sie engagieren sich in einer Vielzahl von Partnerschaften und sind ständig auf der Suche nach neuen Kooperationsprojekten. Alle ihre Partner schätzen sie als kompetent und partnerschaftlich ein. Für Unternehmen, die diese Strategie verfolgen, gehört die Kooperation mit den Abnehmern zu den obersten strategischen Zielen. Typische Beispiele für Lieblinge des Handels sind klassische Großunternehmen der Konsumgüterindustrie wie Henkel oder Procter & Gamble.

Die Rolle eines Lieblings des Handels lohnt sich allerdings nur für große Unternehmen. Kleinere Industrieunternehmen stoßen schnell an ihre Grenzen, wenn sie versuchen, sich an zu vielen Kooperationsprojekten gleichzeitig zu beteiligen. Denn der Nutzen für einen Liebling des Handels zeigt sich vor allem langfristig: Der eigentliche Vorteil ist nicht unbedingt nur die Summe der direkten Potenziale aus den einzelnen Projekten; vielmehr geht es den Unternehmen um eine dauerhafte Zusammenarbeit mit ihren Kunden in allen Bereichen. Dahinter verbirgt sich immer auch ein gutes Handelsmarketing: Die Unternehmen erhoffen sich davon die langfristige Sicherung von bevorzugten Positionen, z.B. durch eine schnelle, flächendeckende Distribution bei Produkteinführungen sowie durch gemeinsame Promotions und Samplings.

Der Wählerische: Schwerpunkte durchsetzen. Eine stärker selektive Kooperationsstrategie verfolgt das zweite Modell, das wir „der Wählerische" nennen. Unternehmen, die dieses Modell wählen, konzentrieren sich auf einige wenige wichtige Projekte, die sie konsequent und mit großem Engagement durchführen. Die Unternehmen werden von ihren Kooperationspartnern typischerweise als kompetent, aber nicht uneingeschränkt kooperativ angesehen. Die Wählerischen suchen zwar an vielen Stellen den Schulterschluss mit dem Handel, begrenzen aber die.Kooperation auf die Themen, die für sie wichtig sind.

Um die fokussierte Kooperationsstrategie eines Wählerischen umzusetzen, muss ein Unternehmen zunächst intern die Prioritäten für die Kooperation festlegen. Anschließend gilt es, ein umfassendes Controlling der Kooperationsmaßnahmen zu installieren, um nachhalten zu können, ob sich die erhofften Effekte tatsächlich auch einstellen, und notfalls in der Lage zu sein, entsprechend zu reagieren.

Ulrike Gerstmann, Supply-Chain-Managerin von L'Oréal, beschreibt, wie ihr Unternehmen durch eine sehr fokussierte Kooperation die Präsenz von L'Oréal in den Händlerregalen wesentlich steigern konnte:

Wenn Produkte mehr Präsenz zeigen

Ulrike Gerstmann, ECR/Supply Chain Projekte, L'Oréal, über ein Kooperationsprojekt zur Verbesserung der Regalverfügbarkeit:

L'Oréal ist das weltweit führende Kosmetikunternehmen, zu unserem Produktportfolio gehören im Mass-Market-Bereich Marken wie L'Oréal Paris, Garnier und Jade Maybelline N.Y. Unser breites Produktportfolio stellt hohe Anforderungen an das Management unserer Supply Chain. Insbesondere in der dekorativen Kosmetik ist es eine große Herausforderung, die Vielzahl der unterschiedlichen Farbvarianten und die permanenten Sortimentswechsel richtig zu planen und Bestandslücken zu vermeiden.

Lange Zeit hat L'Oréal sich diesen Aufgaben alleine gestellt, dabei haben wir vor allem unsere internen Prozesse optimiert. Doch was nützt uns ein hoher Servicelevel für unsere Lieferungen an den Handel, wenn die Produkte nachher trotzdem nicht im Regal verfügbar sind? In den letzten Jahren haben wir die hohe Bedeutung von Kooperationen für die bessere Positionierung unseres komplexen Sortiments insbesondere in der dekorativen Kosmetik erkannt. Dabei haben wir die Kooperation mit dem Handel in strategisch wichtigen Feldern stark ausgebaut. Ein für unser Sortiment strategisch besonders wichtiges Kooperationsprojekt war die Optimierung der Regalverfügbarkeit.

Zusammen mit dm-drogerie markt haben wir im Rahmen des ECR Europe Projekts – Optimal Shelf Availability – die Präsenz unserer Produkte im Regal untersucht und die Ursachen für Lücken identifiziert. Zwar waren die Lücken bei dm im Vergleich zu den anderen Handelsunternehmen relativ gering ausgeprägt. Dennoch wurden schnell Verbesserungspotentiale sichtbar. Diese Potentiale lagen sowohl in dem mit variablen Bestellrhythmen bis dahin vom Verkaufspersonal in den Filialen manuell durchgeführtem Bestellprozess als auch in der Gestaltung unserer Boutiquen, in denen dekorative Kosmetik präsentiert wird. So konnten wir feststellen, dass bei einigen Produktgruppen sich die Varianten nicht gut auseinander halten ließen und vom Verkaufspersonal verwechselt wurden oder von Kunden entnommen und falsch zurückgestellt wurden. Schnell wurde klar, dass die nach Marketingaspekten gestalteten Boutiquen künftig noch mehr Übersichtlichkeit bringen und die Belange des Replenishment stärker berücksichtigen mussten, um Produktverwechslungen und Falschplatzierungen zu vermeiden. Dies führte letztlich nicht nur zu einer schnelleren Warenauffüllung, sondern auch zu einer verbesserten Warendisposition und damit zu einer höheren Warenpräsenz.

In Zusammenarbeit mit dm haben wir nach der Identifikation der Schwachstellen intensiv nach Möglichkeiten gesucht, die Warenpräsenz zu optimieren. Dabei haben wir beide wichtige Lernerfahrungen gewonnen. Aus unserer Sicht hat das Projekt einmal mehr deutlich gemacht, dass insbesondere in der Supply Chain nachhaltige Verbesserungen häufig nur durch Kooperation zwischen Hersteller und Händler zu erreichen sind und beide Seiten letztlich dabei gewinnen. Die erreichten Umsatzsteigerungen in dieser Category unterstreichen dies eindrucksvoll.

Der Neinsager: erst optimieren, dann kooperieren. Eine geradezu ablehnende Einstellung gegenüber Kooperationen haben die Unternehmen der letzten Gruppe, die wir „die Neinsager" nennen: Diese engagieren sich nicht von sich aus in engen

Kooperationen, sondern fürchten die Risiken und Kosten von aufwändigen Kooperationsprojekten. Sie tendieren dazu, sich einzuigeln und pflegen nur wenige Vertrauensbeziehungen. Viele traditionelle deutsche Konsumgüterhersteller, insbesondere familiengeführte Unternehmen, zählen zu dieser Kategorie.

Die Zurückhaltung gegenüber Kooperationen kann für ein Unternehmen in 2 Situationen sinnvoll sein:

1. Das Unternehmen hat noch nicht das Optimierungspotenzial in seinen internen Supply-Chain-Prozessen ausgelotet und ausgeschöpft. Jede Erweiterung der Supply-Chain-Planung durch zusätzliche Informationen oder neue Absprachen mit Partnern erhöht die Komplexität. Dies kann hinderlich dabei sein, die eigenen Prozesse zu optimieren.

2. Das Geschäftssystem des Unternehmens legt solche Kooperationen nicht nahe. Einige Hersteller von speziellen Produktsegmenten (z.B. Gewürze, Kartoffelchips) legen Wert darauf, die komplette Lieferkette im Interesse einer zuverlässig hohen Produktqualität selbst zu kontrollieren, z.B. um sicherzustellen, dass Mindesthaltbarkeitsdaten von verderblichen Produkten nicht überschritten werden. Für diese Unternehmen ist die Zusammenarbeit mit dem Handel auf Grund ihres Geschäftsmodells nur eingeschränkt sinnvoll.

Das Neinsagen zur Kooperation sollte jedoch nicht in das Verfolgen einer „Ekel-Alfred-Strategie" münden. Partnerschaftliche Zusammenarbeit darf nicht kategorisch abgelehnt werden. Auch wenn eine Kooperation auf strategischer Ebene nicht relevant erscheint, gilt es, auf operativer Ebene die „Easy Wins" der Kooperation mitzunehmen: Eine Automatisierung der Auftragsübermittlung durch EDI oder eine stärkere informelle Anbindung an den Handel, z.B. bei Absprachen in der Logistik oder der Absatzplanung, sind für alle Unternehmen sinnvoll und werden auch von den meisten Unternehmen genutzt. Vor allem bei kleinen Maßnahmen, die – ohne hohe Kosten zu verursachen – dazu beitragen, das Verhältnis zu den Industrie- oder Handelspartnern zu verbessern, wird der Nutzen häufig den Aufwand überwiegen.

Die richtige Strategie auswählen. Anhand der weiter oben beschriebenen Merkmale kann das passende Kooperationsmodell für jedes Unternehmen ausgewählt werden (Abbildung 2-4). Zuerst ist dabei die Frage zu stellen, ob die internen Supply-Chain-Prozesse so weit ausgereift sind, dass die Kooperation echten Wert stiften kann. Werden schon alle intern vorhandenen Informationen genutzt, um die Planung so genau wie möglich zu gestalten? Ist eine interne Kostenrechnung installiert, die es ermöglicht, einzelnen Kunden/Lieferanten und Produkten ihren jeweiligen Ergebnisbeitrag zuzuordnen? Sind Kommunikation und Aufgabenverteilung zwischen den internen Funktionen konfliktfrei und eindeutig geregelt? Solange diese Voraussetzungen nicht erfüllt sind, kann der vorläufige Verzicht auf intensive Kooperation und die Konzentration auf die internen Prozesse im Sinne einer Neinsager-Strategie sinnvoll sein.

Und welches Potenzial haben Kooperationen für das spezifische Unternehmen? Sind angesichts dessen Geschäftsmodells Kooperationen überhaupt sinnvoll? Bei einigen Unternehmen ist es wichtig, dass sie die Kontrolle für die komplette Wertschöpfung behalten. Hier kann der Verzicht auf Kooperation eine sinnvolle Entscheidung sein.

Abbildung 2-4: AUSWAHL DER KOOPERATIONSSTRATEGIE

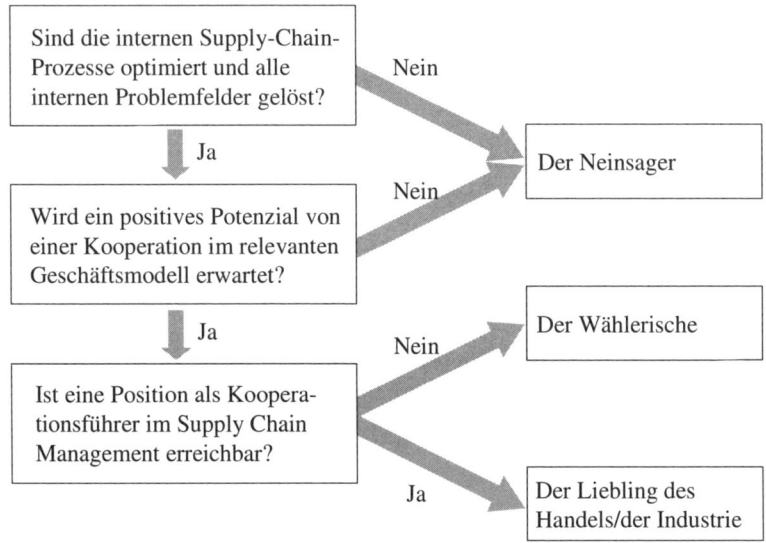

Wenn die internen Voraussetzungen für Kooperationen erfüllt sind und das Potenzial aus Kooperationen positiv bewertet wird, stellt sich die Frage, ob eine Position als Liebling des Handels angestrebt werden soll. Die Anzahl der Sympathieführer ist begrenzt. Nur die Top-5- bis Top-10-Hersteller können davon ausgehen, dass ihre Kooperationsbereitschaft vom Handel durchgängig anerkannt wird und so die erwarteten Früchte tragen kann. Nur wenn die Position als Liebling des Handels angesichts der Ausgangssituation und der verfügbaren Ressourcen realistisch erscheint, sollte sie auch angestrebt werden.

Für alle anderen Unternehmen ist in der Regel das Modell des Wählerischen am sinnvollsten. Das bedeutet in erster Linie, einige wenige Partner und Themen zu bestimmen, bei denen eine intensive Kooperation auf Dauer Wert schaffen kann. Diese Auswahl ist ganz individuell unter Berücksichtigung der Bedürfnisse des einzelnen Unternehmens zu treffen: Wer als Hersteller Probleme hat, seine Logistikkosten in den Griff zu bekommen, kann versuchen, durch eine Logistikkooperation oder die Veränderung der Bestelllogik (z.B. durch VMI) eine bessere Auslastung und geringere Kosten zu erreichen. Wer hingegen Schwierigkeiten bei der Absatzprognose, insbesondere für Aktionen, hat, kann die Planungsgenauigkeit durch Collaborative Planning, Forecasting, and Replenishment (CPFR) verbessern. Und schließlich sollte, wer Probleme mit hohen Präsenzlücken im Regal hat, z.B. bei dekorativer Kosmetik oder bei Convenience-Nahrungsmitteln, zunächst versuchen, dieses Problem gemeinsam mit ein oder zwei Handelspartnern zu besprechen und zu analysieren.

In jedem Fall müssen Investitionen, laufende Kosten und realistische Nutzenerwartungen bei jedem einzelnen Kooperationsprojekt einander gegenübergestellt werden. Und falls die Bilanz anschließend nicht positiv ausfällt, sollte das Unternehmen im Sinne einer fokussierten Kooperation auf die Umsetzung des Projekts verzichten.

Supply-Chain-Kooperation aus der Sicht des Handels

Partnerschaftliche Einstellung. Zur Kooperation gehören immer (mindestens) 2 Partner – eine bessere Zusammenarbeit zwischen Industrie und Handel kann daher nur dann funktionieren, wenn beide Beteiligten zur Kooperation bereit sind. An den befragten Handelsunternehmen muss die Zusammenarbeit in der Regel nicht scheitern – das legen zumindest die Aussagen der Herstellerunternehmen nahe. Die Händler werden von den Herstellern als partnerschaftlicher eingeschätzt als umgekehrt (Abbildung 2-5): Die Champions im Handel erreichen einen Wert von 71 auf einer Skala von 0 (nicht partnerschaftlich) bis 100 (sehr partnerschaftlich), die Verfolger im Handel einen Wert von 65. Damit liegen die Handelsunternehmen im Durchschnitt rund 10 Punkte über der Partnerschaftsbewertung der Hersteller (vgl. Abbildung 2-1). Gleichzeitig bewerten die Händler die Zusammenarbeit mit der Industrie als konstruktiver als umgekehrt. Auf der Skala von 0 (Zusammenarbeit nicht konstruktiv) bis 100 (Zusammenarbeit sehr konstruktiv) bewerten die Händler die Kooperation mit einem Wert von 68 (Champions) bzw. 66 (Verfolger) als

Abbildung 2-5: STATUS DER SUPPLY-CHAIN-KOOPERATION IM HANDEL

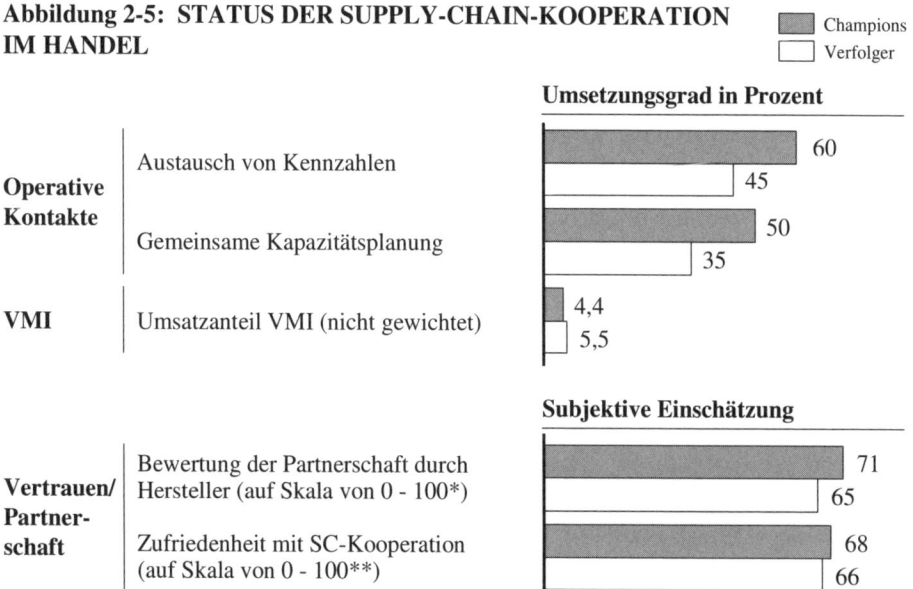

* 0 = Hersteller sehen Händler nicht als partnerschaftlich, 100 = … sehr partnerschaftlich
** 0 = Händler bewertet SC-Kooperation als nicht konstruktiv, 100 = … sehr konstruktiv

überwiegend konstruktiv. In der subjektiven Einschätzung der Händler liegt die Kooperation damit um mehr als 10 Punkte über der Einschätzung der Industrie.

Champions pflegen Transparenz gegenüber Herstellern. Die Supply Chain Champions im Handel unterscheiden sich von ihren Verfolgern vor allem dadurch, dass sie Kooperationen gegenüber insgesamt positiver eingestellt sind und umfassendere operative Kooperationen eingehen. Die Champions im Handel tauschen mit der Industrie in großem Umfang Kennzahlen aus, z.B. zur Lieferzuverlässigkeit der Hersteller, zur Warenverfügbarkeit im Regal oder weitere Prozesskennzahlen. Während der Umsetzungsgrad des Kennzahlenaustauschs bei den Champions 60% beträgt, liegt er bei den Verfolgern nur bei 45%. Auch bei der gemeinsamen Kapazitätsplanung, z.B. in Form langfristiger Absprachen von Promotions, liegen die Champions mit einem Umsetzungsgrad von 50% vor den Verfolgern mit 35%.

VMI im Handel wichtiger. Wie bei der Industrie sind auch Großprojekte im Handel weniger entscheidend als die operative Kooperation im Tagesgeschäft. Der Umsetzungsgrad von VMI ist bei Champions und Verfolgern ungefähr gleich hoch (4,4% bei den Champions, 5,5% bei den Verfolgern – nicht gewichtet). Auch hier setzt sich der Durchschnitt jedoch aus wenigen Unternehmen mit einem hohen Umsetzungsgrad und vielen Unternehmen ganz ohne VMI-Projekte zusammen. VMI-Vorreiter berichten zwar von signifikanten Einsparungen im Rahmen der Kooperationsprojekte, diese wirken sich allerdings nicht signifikant auf die Gesamtleistung der Supply Chain aus. Dennoch ist die Bilanz von VMI für den Handel tendenziell positiver als für die Industrie: Für die Händler entfällt der Dispositionsaufwand und die Effekte sind im Lager – anhand der Verfügbarkeit der Waren und anhand des Bestands – direkt sichtbar. Bei der Industrie dagegen verursacht VMI zunächst einmal zusätzlichen Aufwand, gleichzeitig sind die Effekte aus der Zusammenarbeit mit einzelnen Händlern, z.B. in Form von Bestandsreduktionen, nicht immer klar im Lagergesamtvolumen erkennbar.

3 Kooperationsmodelle auch für Handel valide. Im Handel kann – ebenso wie in der Industrie – die Gesamtleistung der Supply Chain durch Kooperation verbessert werden. Nicht für jeden Händler lohnt sich jedoch der Einsatz aller Kooperationsinstrumente; die 3 Kooperationsmodelle – der Liebling des Handels (entsprechend hier: der Industrie), der Wählerische und der Neinsager – können auf den Handel übertragen werden.

„Lieblinge" mit Interesse an Potenzialen. Die Strategie eines „Lieblings der Industrie" ist für die Händler meist strategisch weniger bedeutend, schließlich sitzen sie durch die Entscheidung über Listungen und Promotions in der Regel am längeren Hebel. Händler, die dennoch auf Partnerschaft in allen Aspekten der Supply Chain setzen und sich in vielen Kooperationsprojekten engagieren, erwarten davon – anders als die Industrie – meist eine schnellere Umsetzung von Verbesserungspotenzialen.

„Wählerische" mit Marktmacht. Die Strategie des Wählerischen ist für Händler oft leichter umzusetzen als für Hersteller. Sie verfügen in der Regel über die besseren Druckmittel und können so ihre Partner aus der Industrie leichter von ausgesuchten Kooperationsprojekten überzeugen. Ein gutes Beispiel hierfür ist die Umsetzung des MGL-Systems bei der Metro. Während viele Hersteller anfangs skeptisch waren und befürchteten, die Metro wolle Kosten auf sie abwälzen, konnte sich die Metro in vielen Fällen nicht zuletzt dank ihrer großen Marktmacht durchsetzen. Mitte 2002 berichtete sie, dass die Hälfte der Lieferanten inzwischen in das System einbezogen sei und die Zusammenarbeit reibungslos funktioniere.

„Neinsager" im Handel. Die Strategie des Neinsagers ist auch im Handel in erster Linie solchen Unternehmen zu empfehlen, die sich zunächst auf die interne Prozessverbesserung konzentrieren möchten. Für sie kann es sinnvoller sein, erst dann die Zusammenarbeit mit der Industrie auszubauen, wenn sie intern optimal aufgestellt sind. Auch diskontierende Händler sind typische Neinsager, denn wer in großem Umfang auf auswechselbare Lieferanten setzt und sich hauptsächlich über den Preis differenziert, kann auf die enge Zusammenarbeit mit der Industrie gut verzichten.

Discount-Primus Aldi geht jedoch einen anderen Weg und sucht durchaus den engeren Kontakt mit ausgewählten Lieferanten. Für seinen fairen Umgang mit den Lieferanten wurde Aldi in unserer Untersuchung sogar ausdrücklich gelobt. Ein Zeichen dafür, dass auch die langfristige und konstruktive Kooperation mit Aldi möglich ist, sind eine Reihe von Lieferanten, die seit Jahrzehnten erfolgreich mit dem Discounter zusammenarbeiten.

3. Produktion – das Stiefkind des Supply Chain Management

Die Produktionskosten machen in der Supply Chain häufig den Löwenanteil der Kosten aus: Sie sind meist mehr als doppelt so hoch wie Logistik- und Bestandskosten zusammen. So gesehen müsste jeder Hersteller die Auswirkungen des Supply Chain Management auf die Produktionskosten eigentlich mit Argusaugen verfolgen. Die Wirklichkeit sieht jedoch häufig anders aus: Die Höhe des Bestands und der Service gegenüber dem Handel sind die viel beachteten Lieblingskinder vieler Supply Chain Manager, die Produktion hingegen steht oft im Abseits.

Können Unternehmen mit dieser Einstellung auf Dauer erfolgreich sein? Müssten sie bei der Optimierung der Supply Chain nicht dem großen Kostenblock der Produktion erheblich mehr Beachtung schenken? Dieses Kapitel beleuchtet, wie die Produktion zum Stiefkind des Supply Chain Management wurde, was die Supply Chain Champions in der Produktion besser machen als die Verfolger und was Unternehmen tun können, um ihre Produktion kunden- **und** „kostenfreundlich" auszurichten.

Die Produktion zwischen Effizienzstreben und Marktdruck

Produktionskosten vs. Bestandskosten. Die Hersteller befinden sich seit jeher in einem Dilemma: Sollen sie die Produktionskosten senken oder die Bestandskosten? Die Zwickmühle, in der sie sich befinden, zeigt sich in der fortwährenden Diskussion zwischen Vertrieb und Produktion darüber, mit welcher Frequenz man einzelne Artikel am besten produziert – wöchentlich, zweiwöchentlich, monatlich oder nur unregelmäßig nach Bedarf. Der Vertrieb schwört auf kurze Frequenzen. So bleiben die Bestandskosten gering und das Unternehmen kann flexibler auf die Wünsche des Handels reagieren. Die Produktion hält dagegen, längere Frequenzen hätten den

Vorteil, dass die Produktionsanlagen seltener umgerüstet werden müssen und die Herstellung stabiler verläuft. Und dadurch könnten die Produktionskosten sinken.

Dieses Tauziehen ist im Verlauf der Zeit unterschiedlich ausgegangen. Bis zu Beginn der 90er Jahre war die Produktion meist in der stärkeren Position und setzte große Losgrößen durch. Doch dann gewann der Vertrieb die Oberhand: Bestands-optimierung wurde zum obersten Gebot. Das Jahrzehnt des Working Capital brach an und die meisten Unternehmen glaubten, der entscheidende Erfolgsfaktor sei es, das Umlaufkapital so gering wie möglich zu halten.

Bestand sichtbarer als Produktionskosten. Zwei Faktoren haben die Dominanz der Bestandsoptimierung begünstigt: Erstens sind Bestände und die dadurch verur-sachten Kosten sehr sichtbare Größen, die eindeutig miteinander verknüpft sind – hohe Bestände bedeuten hohes gebundenes Kapital und das entspricht hohen Kosten. Bestandssenkungen als Mittel der Wahl erscheinen deshalb allen als einleuchtend und haben den Vorteil, dass sie sich auch auf Produktebene leicht nachvollziehen lassen. In der Produktion dagegen können hohe Kosten mannigfaltige Gründe haben, so dass ohne gründliche Analysen häufig keinerlei Einsparungen zu erreichen sind. Denn schon die Zuordnung von Kosten zu einzelnen Produkten ist oft eine Wissen-schaft für sich. Zweitens war die Bestandsoptimierung Anfang der 90er Jahre für viele Unternehmen durchaus der richtige Weg: Die Produktionsprozesse waren noch extrem starr, die Monolinie, die nur einen ganz bestimmten Artikel oder ein ganz bestimmtes Format produzieren konnte, beherrschte das Bild in den Produktions-hallen. Die Folge waren Bestandsreichweiten der Fertigwaren von bis zu 100 Tagen.

Mittlerweile haben sich die Rahmenbedingungen erheblich verändert. Viele Unterneh-men haben die Bestandskosten sehr erfolgreich optimiert: Die Bestände reichen im Durchschnitt nur noch für 30 Tage und die Bestandskosten betragen nur noch ca. 5% der operativen Kosten eines Herstellers. Anders verhält es sich hingegen mit den Pro-duktionskosten: Diese machen häufig noch immer ca. 70% der operativen Kosten und, je nach Produkt, meist ca. 10 bis 15% der Konsumentenpreise aus (Abbildung 3-1). Somit wäre jetzt die Zeit für die Hersteller reif, sich erneut der Produktion und ihren Kosten im Gesamtgefüge der Supply Chain zuzuwenden – wenn nicht ein neues Primat die Bestandsfokussierung abgelöst hätte: das Primat der Lieferzuverlässigkeit.

Abbildung 3-1: FOKUS AUF PRODUKTIONSKOSTEN – TYPISCHE KOSTENSTRUKTUR FÜR KONSUMGÜTER
in Prozent der Endverbraucherpreise

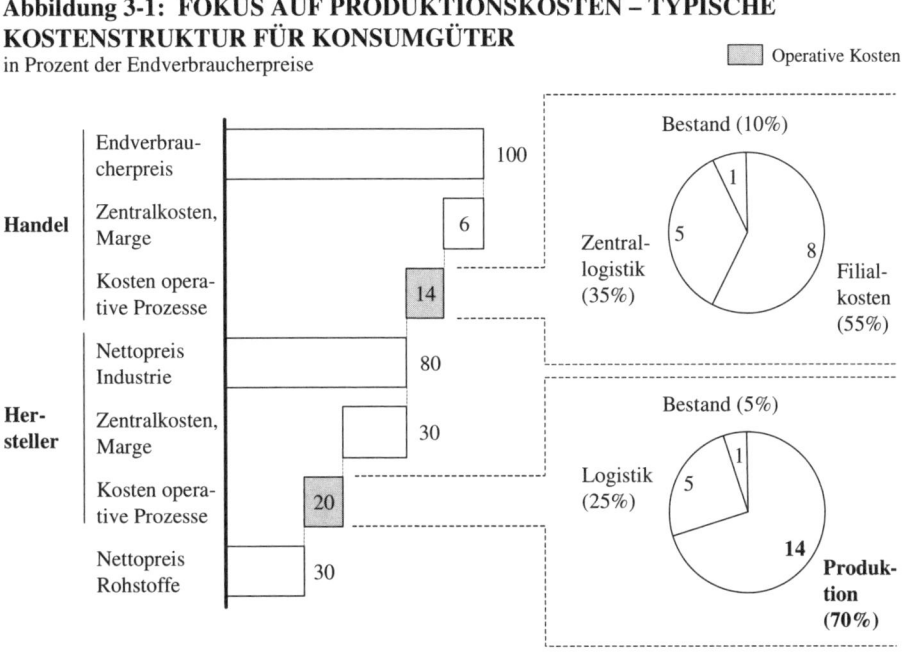

Produktionskosten vs. Lieferzuverlässigkeit. Wenn die 90er Jahre des 20. Jahrhunderts das Jahrzehnt des Working Capital waren, ist das erste Jahrzehnt des 21. Jahrhunderts das Jahrzehnt der Lieferzuverlässigkeit bzw. der Macht des Handels. Die unbedingte Lieferfähigkeit bestimmt die operative Zusammenarbeit mit dem Handel – und das häufig bei verkürzten Lieferzeiten von 24 bis 48 Stunden und geringen Warenbeständen. Immer mehr Handelsunternehmen messen den Servicelevel der Hersteller systematisch, bewerten ihre Lieferanten auf dieser Basis – und wählen sie entsprechend aus. Wer Zielgrößen verfehlt, dem droht Auslistung oder Nichtberücksichtigung bei Sonderaktionen. Der Handel ist sich hier seiner Machtposition sehr bewusst und setzt sie geschickt ein, um Druck auf die Hersteller auszuüben oder sie gegeneinander auszuspielen.

Druck des Handels zwingt Hersteller zu Flexibilität. Der Blick ins Ausland zeigt, dass diese Entwicklung in Deutschland vermutlich noch nicht abgeschlossen ist. Der französische Händler Carrefour und der holländische Händler Albert Heijn sind bekannt dafür, dass sie auf unzuverlässige Lieferungen mit rigiden Vertragsstrafen reagieren. Tesco, der führende britische Lebensmitteleinzelhändler, misst die Liefer-zuverlässigkeit seiner Hersteller wöchentlich. Die Ergebnisse veröffentlicht er in Form eines Rankings im Intranet; so kann jeder Hersteller sehen, wie er im Ver-gleich mit seinen Konkurrenten abschneidet. Und sich darauf vorbereiten, dass die Auslistung möglicherweise nur noch eine Frage der Zeit ist, wenn er nicht schnells-tens für Besserung sorgt.

Die gestiegenen Ansprüche des Handels führen die Hersteller jedoch noch in ein wei-teres Dilemma: Einerseits wünschen sie sich Planungssicherheit als Garant für eine stabile Produktion, andererseits wollen sie dem Handel beweisen, wie flexibel sie rea-gieren können. In einer Art vorauseilenden Gehorsams treiben sie den Flexibilitäts-gedanken auf die Spitze und wollen die Flexibilitätsanforderungen des Handels buch-stäblich um jeden Preis erfüllen. Aus Furcht, einmal nicht liefern zu können, schaffen sie feste Produktionsrhythmen de facto ab, selbst wenn sie ohnehin schon wöchent-lich produziert haben. Unterwöchige Änderungen des Produktionsplans werden so zur Gewohnheit, ohne dass die Auswirkungen und Hintergründe beleuchtet würden.

Flexibilität ja, aber bitte nicht um jeden Preis. Nun ist das Bemühen um Flexi-bilität an und für sich nichts Verwerfliches. Die damit einhergehende Konzentration auf Bestand und Lieferzuverlässigkeit hat in zahlreichen Unternehmen jedoch dazu geführt, dass die Produktion und vor allem die Produktionskosten aus dem Blickfeld geraten sind. Ohne Rücksicht auf die Kosten versucht man, die höhere Flexibilität mit den bestehenden Prozessen zu bewerkstelligen. Das kann jedoch kostspielig werden – denn der größte Kostenblock, die Produktion, ist rasch ineffizient gemanagt. Dazu 2 Beispiele:

- Unternehmen, die ihre Bestände verringern, indem sie die Produktionszyklen verkürzen, ohne gleichzeitig die Rüstzeiten systematisch abzubauen, müssen automatisch Effizienzverluste in der Produktion in Kauf nehmen. Eine Verdoppelung der Produktionsfrequenz, etwa ein Wechsel von zweiwöchentlicher zu wöchentlicher Herstellung, führt bei unveränderten Rüstvorgängen zu einer Verdoppelung der Rüstkosten. Bei einem Reinigungsmittelhersteller haben wir nachvollzogen, wie sich eine Erhöhung der Produktionsfrequenz auf die Gesamtkosten auswirken würde: Die

Produktionskosten würden um ca. 5% steigen, während die verfügbare Produktionskapazität sich gleichzeitig um 13% verringern würde.

- Bei einem zweiten Unternehmen, in diesem Fall aus der Lebensmittelindustrie, haben wir die Auswirkungen von häufigen kurzfristigen Änderungen der internen Nachfrage auf die Produktion beobachten können: Der Vertrieb versucht dort, auf Biegen und Brechen Lieferzuverlässigkeit zu demonstrieren. Dabei geht der Produktion jegliche Planungssicherheit verloren. Damit sie unter solchen Umständen die internen Bedarfe erfüllen kann, muss sie zusätzliche Personal- und Maschinenkapazitäten vorhalten, die einzig und allein dem Zweck dienen, die kurzfristigen Schwankungen der Nachfrage abzupuffern. Umso ärgerlicher, dass sich die Planänderungen in diesem Unternehmen immer wieder als letztlich unbegründet herausstellen.

Solche Ineffizienzen werfen eine Kernfrage des Supply Chain Management auf: Wie erreicht man das Gesamtoptimum aus Produktionskosten, Bestandskosten und Lieferzuverlässigkeit bei gleichzeitig makelloser Qualität, und wie ist dabei die Produktion als Hauptkostenfaktor der Supply Chain auszurichten? Diese Fragen wollen wir in den folgenden Abschnitten beantworten.

Champions: flexible Produktion ist Trumpf

Champions erkennen den hohen Stellenwert der Produktion. Unsere Untersuchung hat ergeben, dass Unternehmen, die ihre Produktionsprozesse optimieren, auch eine überdurchschnittliche Supply-Chain-Leistung erreichen. Bei den Supply Chain Champions führt die Produktion also kein Stiefkinddasein, sondern ihr wird ein hoher Stellenwert eingeräumt: 57% aller Champions – aber nur 42% der Verfolger – nennen die Optimierung der Produktion als eines der Top-3-Ziele des Supply Chain Management (Abbildung 3-2). Eine ähnliche Bedeutung messen die Champions sonst nur noch dem Ziel einer hohen Kundenzufriedenheit bei. Die Champions haben demnach das Ergebnispotenzial der Produktionsprozesse erkannt – ein wichtiger Schritt, der einer umfassenden Optimierung der Produktion meist vorausgeht.

Abbildung 3-2: STATUS FLEXIBILITÄT DER PRODUKTION

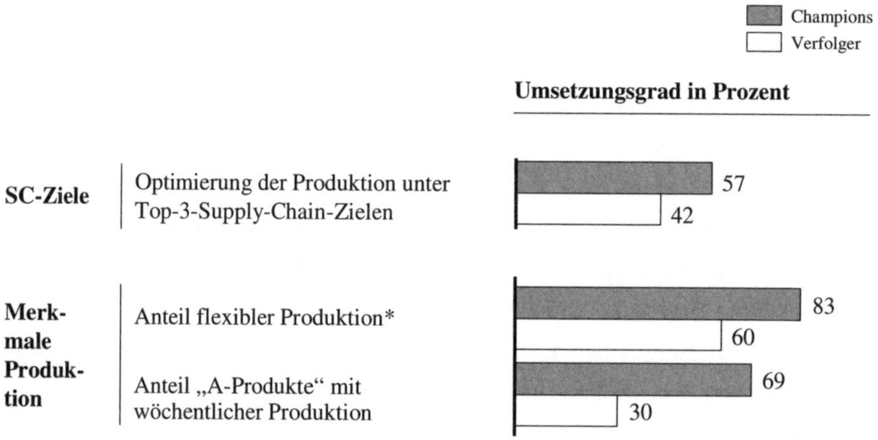

	Champions
	Verfolger

Umsetzungsgrad in Prozent

| SC-Ziele | Optimierung der Produktion unter Top-3-Supply-Chain-Zielen | 57 |
| | | 42 |

Merk-male Produk-tion	Anteil flexibler Produktion*	83
		60
	Anteil „A-Produkte" mit wöchentlicher Produktion	69
		30

* Mit 1 Woche Vorlauf Veränderung geplanter Produktionsmengen um +/- 50% problemlos möglich

Flexible Produktionsprozesse. Bei genauerer Analyse der Unterschiede zwischen Champions und Verfolgern kristallisieren sich flexible Produktionsprozesse als Schlüssel zu einer insgesamt erfolgreichen Supply Chain heraus. Wir konnten einen signifikanten Zusammenhang beobachten zwischen der Gesamtleistung der Supply Chain und dem Anteil des Produktionsvolumens, das mit flexiblen Produktions-prozessen hergestellt wird. Bei den Champions sind durchschnittlich 83% des Produktionsvolumens flexibel, bei den Verfolgern hingegen nur 60%. Kennzeichen einer flexiblen Produktion sind kurze Rüstzeiten und geringe Rüstkosten sowie kurze Materiallieferzeiten. Sind diese Voraussetzungen erfüllt, kann die Produk-tionsmenge mit einer kurzen Vorlaufzeit von einer Woche ohne Schwierigkeiten um die Hälfte erhöht oder verringert werden.

Wöchentliche Produktion dank effizienter Umrüstung. Kurze Rüstzeiten sind deshalb so wichtig, weil Konsumgüter überwiegend in Losen produziert werden – zwischen der Produktion einzelner Artikel müssen die Maschinen folglich umge-rüstet werden. Die Bandbreite reicht dabei von reinen Produktwechseln bis hin zu großen Formatwechseln. Unternehmen, die diese Rüstvorgänge souverän bewerk-stelligen, können ihre Produktion bei gleichen Kosten wesentlich häufiger umstellen.

Die Supply Chain Champions scheinen Rüstzeiten und -kosten gut im Griff zu haben: Der Anteil von Artikeln, die wöchentlich produziert werden, ist bei ihnen mit 69% erheblich höher als bei den Verfolgern mit 30%.

Neben der Rüstzeit hat die Vorlaufzeit der verwendeten Materialien – Rohstoffe und Verpackungen – entscheidenden Einfluss auf die Flexibilität der Produktion. Je kürzer die Vorlaufzeit, desto erfolgreicher die gesamte Supply Chain. Champions versuchen daher, für alle wichtigen Materialien kurze Wiederbeschaffungszeiten zu erreichen und von den übrigen Rohstoffen ausreichende Vorräte zu halten.

Zwei Hebel zur Optimierung der Gesamtleistung

Die Gesamtleistung zählt. Auch wenn die Flexibilität der Produktion ein besonderer Erfolgsfaktor und Ansatzpunkt für Verbesserungen ist, dürfen die Unternehmen im nächsten Jahrzehnt nicht den Fehler wiederholen, nur eine Zielgröße zu verfolgen. Vielmehr muss es ihnen gelingen, die Gesamtleistung aus Produktionskosten, Servicelevel und Bestand zu steigern. Für die Produktion bedeutet das zweierlei: Erstens, Flexibilität überall dort zu schaffen, wo dies möglich und sinnvoll ist. Und zweitens, die verbleibende Inflexibilität sinnvoll zu managen.

1. Flexibilität schaffen. Mit erster Priorität muss die Produktion flexibilisiert werden. Das verlangt zunächst strukturelle Veränderungen. Monolinien, auf denen nur ein ganz bestimmtes Produkt oder nur ein Format hergestellt werden kann, haben in den meisten Unternehmen heute keine Daseinsberechtigung mehr. Wer neu investiert, sollte seine Linien so ausstatten, dass Produkt- und Formatwechsel mit geringem Aufwand möglich sind. Diese Multifunktionalität wird immer wichtiger, da sich der Markt zunehmend differenziert. Selbst ein und dasselbe Produkt muss heute in den verschiedensten Varianten verfügbar sein, um unterschiedliche Kundenwünsche zu befriedigen und im Handel möglichst viel Regalfläche zu besetzen.

Kurze Rüstvorgänge. Auch Prozessveränderungen tragen zur Flexibilisierung der Produktion bei. Der zentrale Ansatzpunkt liegt bei den Rüstzeiten: Sie können sich bei vergleichbaren Produkten um das Vierfache unterscheiden, bergen also ein enormes Potenzial. Um Rüstvorgänge zu verkürzen, können Erfahrungen aus dem Lean Management genutzt werden. Dafür müssen zunächst die Ist-Zeiten systematisch erfasst werden. Mit diesen Daten werden die Rüstvorgänge analysiert und in Einzelaktivitäten zerlegt. Die Effizienz der einzelnen Aktivitäten lässt sich dann durch die Lean-Management-Methoden Verzicht, Parallelisierung, Vorverlegung und Verkürzung wesentlich steigern (Abbildung 3-3)

Abbildung 3-3: ANSATZPUNKTE ZUR FLEXIBILISIERUNG DER PRODUKTION

- **Verzicht:** Ein Teil der Aktivitäten im Zuge der Rüstvorgänge ist schlichtweg nicht notwendig und kann **gestrichen** werden. Hierbei handelt es sich z.B. um Doppelarbeiten wie ein zweifaches Überprüfen von Einstellungen oder eine zu lang angesetzte Reinigungsphase.

- **Parallelisierung:** Bei Umrüstungen müssen häufig Einstellungen und Umbauten an verschiedenen Stellen innerhalb der gleichen Anlage vorgenommen werden. Werden die verschiedenen Aktivitäten gleichzeitig angegan-

gen und nicht der Reihe nach abgearbeitet, kann die Dauer des Rüstvorgangs wesentlich verkürzt werden.

- **Vorverlegung:** Beim Festlegen der Reihenfolge der Umrüstungsaktivitäten
  ist es sinnvoll, zwischen internen und externen Aktivitäten zu unterscheiden: Interne Aktivitäten müssen während des Rüstvorgangs durchgeführt
  werden und können nicht vorgezogen werden. Externe Aktivitäten sind alle
  vorbereitenden oder nachbereitenden Tätigkeiten, die nicht an der Anlage
  selber vorgenommen werden müssen. Wenn etwa ein einzusetzendes Sieb
  eingestellt werden muss, so kann das schon erledigt werden, bevor der
  eigentliche Rüstvorgang beginnt. Dadurch lässt sich wichtige Maschinen-
  laufzeit gewinnen.

- **Verkürzung:** Auch die Aktivitäten, die nach den oben erläuterten ersten
  3 Optimierungsansätzen übrig bleiben, sollten genau untersucht werden. Oft
  sind auch hier noch Effizienzverbesserungen möglich, insbesondere in
  puncto Zeitersparnis: Viele Aktivitäten werden durch Ressourcenengpässe
  oder ungünstige Arbeitsabläufe unnötig in die Länge gezogen. Eine bessere
  Ausstattung mit Werkzeug oder die Verwendung besserer Werkzeuge kann
  dann dazu beitragen, die Rüstvorgänge zu beschleunigen.

Flexible Organisation. Die Flexibilisierung der Produktion lässt sich auch mit ver-
änderten organisatorischen Rahmenbedingungen unterstützen. Wichtig dafür ist die
Kommunikation klarer Zielvorgaben, verbunden mit entsprechenden Anreizsyste-
men. Doch auch aufbauorganisatorische Maßnahmen sind sinnvoll: So empfiehlt es
sich beispielsweise, Techniker organisatorisch in die Linienteams zu integrieren.
Häufig sind Techniker noch als gesonderter Stab im Werk organisiert, der allein die
Umrüstung und Wartung der Linie vornimmt. Damit sind Leerzeiten geradezu
unausweichlich – bei den operativ an der Linie tätigen Mitarbeitern, wenn die Tech-
niker aktiv werden, und bei den Technikern, wenn gerade nichts umzurüsten ist.
Arbeiten die Techniker dagegen kontinuierlich in der Linie mit, verringern sich die
Leerlaufzeiten erheblich.

Ebenso wichtig für eine flexible Produktion ist eine flexible Personaleinsatzplanung. Denn wenn die Mitarbeiter festen Schichten zugeteilt sind und womöglich nur eine bestimmte Maschine bedienen können, ist die Produktion zwangsläufig starr. Für Abhilfe sorgen hier flexible Arbeitszeitmodelle. Die Mitarbeiter in der Süßwaren-produktion eines deutschen Konsumgüterherstellers werden z.B. jeweils eine Woche im Voraus darüber informiert, wie viele Arbeitsstunden sie in den Folgewochen zu leisten haben. Die Spannbreite kann dabei je nach Produktionsmenge von 30 bis 50 Wochenstunden reichen. Zudem wird in diesem Unternehmen die Expertise der Mitarbeiter gezielt dahingehend ausgebaut, dass sie Arbeiten in verschiedenen Prozessschritten übernehmen und so flexibler eingesetzt werden können. Extreme Nachfragespitzen fängt das Unternehmen mit externen Aushilfskräften auf. Mit diesen Maßnahmen konnte das Beispielunternehmen seine Mitarbeiter- und Maschi-nenkapazitäten der Nachfrage anpassen und Überhänge erheblich reduzieren.

Lieferanten helfen mit. Eine enge Einbindung der Lieferanten mit dem Ziel, die Vorlaufzeiten zu verringern, trägt ebenfalls entscheidend zur Flexibilisierung der Produktion bei. Konkret lässt sich die Zusammenarbeit mit den Lieferanten dadurch intensivieren, dass der Hersteller ihnen regelmäßig aktuelle Daten zur Verfügung stellt, insbesondere Prognosen und Produktionspläne. Teilweise übertragen Herstel-ler auch die gesamte Bestandsverantwortung auf den Lieferanten. Mit diesem Ver-fahren, Supplier Managed Inventory (SMI) genannt, lässt sich eine erhebliche Flexi-bilisierung der Produktion erzielen. Die Lieferanten verpflichten sich dabei, mit kurzen Vorlaufzeiten ausreichend Material für die Produktion bereitzustellen, und tragen somit zu einer flexibleren Produktionssteuerung bei.

2. Verbleibende Inflexibilität managen. Inflexibilität in einem Produktionssystem lässt sich nie vollständig eliminieren – sowohl die Rüstkosten als auch die Liefer-zeiten der Lieferanten werden immer größer als null sein. Wenn alle Möglichkeiten, die Produktion mit vertretbaren Investitionen zu flexibilisieren, ausgeschöpft sind, bleibt daher nur noch, die „Rest-Starrheit" möglichst intelligent zu managen.

Klare Regeln notwendig. Der Schlüssel zum erfolgreichen Umgang mit Starrheit ist das Aufstellen von klaren Regeln für die Produktion und den Umgang zwischen Produktion und Vertrieb. Sinnvoll sind zum einen Regeln, die die Stabilität des

Produktionsprogramms – in Bezug auf Produktionsmenge, -sequenz und -frequenz – fördern. Diese Regeln können vom Nachschubplaner in einem Masterplan festgeschrieben werden. Sinnvoll ist zum anderen ein klares Zeitleistenmanagement, das vorgibt, innerhalb welcher Vorlaufzeiten einmal verabschiedete Produktionspläne verändert werden können. Dazu gehört auch die Einrichtung und strikte Einhaltung von Frozen Periods, innerhalb derer keine Änderungen der Produktionspläne mehr zulässig sind (Abbildung 3-4).

Abbildung 3-4: VEREINFACHTER MASTERPLAN EINES KONSUMGÜTERHERSTELLERS

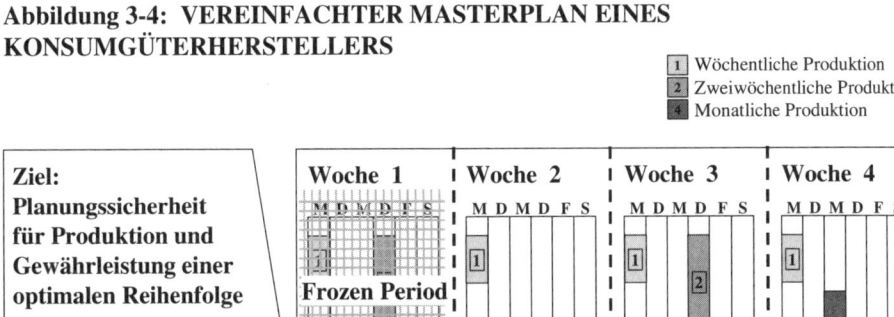

Durch die Festlegung dieser klaren Regeln wird gleichzeitig verbindlich definiert, wie viel Flexibilität zugelassen wird – sowohl was den Masterplan als auch was die Zeitleiste angeht. Davon profitieren beide Seiten, Vertrieb und Produktion: Der Vertrieb weiß, was möglich ist und was nicht, und die Produktion ist darüber informiert, welche regelkonformen Änderungen auf sie zukommen können.

Stabiler Masterplan reduziert Kosten. Um ein stabiles und optimiertes Produktions-programm aufzustellen, müssen feste Produktionsfrequenzen institutionalisiert wer-den. Dazu kann für jedes Produkt aus dem Vergleich von Rüst- und Bestandskosten die optimale Frequenz bestimmt werden. „A"-Produkte mit hohem Umsatz und typischerweise stabilem, vorhersehbarem Bedarf können in der Regel mit einer fixen Produktionsfrequenz, z.B. wöchentlich an 1 bis 2 definierten Tagen, hergestellt werden. „B"-Produkte mit geringerem, aber noch immer hohem Bedarf können ebenfalls mit fixen Frequenzen eingeplant werden – allerdings meist mit längeren Produktionsintervallen (z.B. alle 2 oder alle 4 Wochen). Abhängig vom aktuellen Bedarf kann die Produktionsmenge je Produktionslauf für diese „A"- und „B"-Produkte schwanken. Die Produktionsfrequenz und die Reihenfolge bleiben jedoch konstant. Im Masterplan werden alle diese Informationen mit dem Ziel der Opti-mierung von Rüst- und Bestandskosten festgehalten. Auf der Basis des Masterplans wird dann mit den aktuellen Informationen in der jeweiligen Periode der Produktionsplan für die nächsten Wochen erstellt. Der Masterplan stellt sozusagen das Rückgrat des Produktionsplans dar. Die Konstanz des Masterplans wirkt sich dabei sowohl auf Seiten der Lieferanten als auch auf Seiten der Distribution positiv auf die Höhe der Bestände und die Lieferzuverlässigkeit aus.

In den Masterplan werden bewusst Produktionslücken eingebaut. Diese können später mit der Produktion der zumeist großen Anzahl von „C"-Produkten, deren Umsatz gering ist, gefüllt werden. Für C-Produkte sind die Mengen meist so gering, dass die Rüstkosten bei einer regelmäßigen, monatlichen Produktion zu hoch ausfallen würden. Je nach Bedarf werden diese Produkte daher in den Lücken produ-ziert. Dort können außerdem Zusatzmengen für Aktionen und Produktneueinfüh-rungen bzw. -änderungen eingefügt werden.

Das Produktionsprogramm erfüllt somit die wesentlichen Voraussetzungen für Pro-duktion und Vertrieb: Die Produktion verfügt über ein hohes Maß an Stabilität durch die Kontinuität der „A"- und „B"-Produkte. Der Vertrieb freut sich über den hohen Flexibilitätsgrad, insbesondere für Aktionen und Relaunches. Mit diesem Vorgehen lassen sich die Produktionskosten wesentlich senken – bei gleichzeitig geringerem Bestand und höherem Servicelevel.

Mit dem Masterplan zum Gesamtoptimum. Die Produktionsplanung beginnt folglich mit der Analyse möglicher stabiler Produktionsrhythmen und der Festlegung eines Masterplans. Sämtliche Parameter der Planung – z.B. Sicherheitsbestand, Produktionsfrequenz und Frozen Periods – können bei der Aufstellung der Regeln am Gesamtoptimum aus Produktionskosten, Bestandskosten und Service (im Sinne der Flexibilität gegenüber den Kunden) ausgerichtet werden. Die Umsetzung eines solchen Masterplans beschreibt Wolfgang Haumann, Senior VP Supply Chain der Henkel Wasch- und Reinigungsmittel GmbH:

Flexibilität bei stabiler Produktion erreichen

Wolfgang Haumann, Henkel, über die Einführung eines Masterplans:

Henkel Waschmittel beschäftigt sich seit Jahren mit der Optimierung der Supply Chain. Mit einer Lieferzuverlässigkeit von über 99% und Fertigwarenbeständen um die 30 Tage (trotz Regionallagerstruktur) konnten in Deutschland beeindruckende Ergebnisse erzielt werden. Trotzdem oder gerade deshalb kam es immer wieder zu Diskussionen über die Auswirkungen von Servicelevel und Flexibilität auf die Produktionskosten. Hier haben wir angesetzt und uns systematisch mit der Gesamtoptimierung der Supply Chain beschäftigt.

Zunächst mussten wir herausfinden, für welchen Teil unseres Produktionsvolumens Flexibilität überhaupt kritisch ist. Wir verfügen über viele Produkte, die durch stark schwankende Nachfrage (verursacht durch Aktionen großer Kunden, z.B. eine Persilaktion bei Schlecker) geprägt sind. Bestand kann in der Größenordnung solcher Großaktionen nicht ständig vorgehalten werden. Für diese Bedarfe ist daher die Flexibilität bis zur Order Lead Time (der Zeit zwischen Bestellung und Lieferung) dringend erforderlich. Das heißt konkret, dass hier eine „Make-to-Order"-Planung angewendet werden sollte.

Für die weitgehend schwankungsfreien Standardbedarfe kann die Produktion aber durchaus von der Bedarfserfüllung entkoppelt werden. Die Produktion kann dadurch ohne kurzfristige Änderungen den für sie optimalen Produktionsplan abfahren. Durch ein vertretbares Mehr an Bestandskosten kann dann eine hohe

Lieferflexibilität bei einer gleichmäßigen und stabilen Produktion erreicht werden. Wir haben festgestellt, dass je nach Werk 60 bis 80% des Produktionsvolumens als Standardbedarfe behandelt werden können.

Durch die Einführung eines stabilen Masterplans mit festen Produktionsfenstern für diese Standardbedarfe sowie mit klaren Regeln bezüglich der Flexibilität für Aktionen konnten wir unsere Produktion signifikant stabilisieren. Die größere Planungssicherheit und die höhere Konstanz in der Produktion führten schon nach kurzer Zeit zu erheblichen Verbesserungen in der Zuverlässigkeit der Produktion. Gleichzeitig bleiben die hohe Lieferzuverlässigkeit und das niedrige Bestandsniveau erhalten. Darüber hinaus haben wir unsere Lieferanten in das neue System eingebunden und auch hier erhebliche Einsparpotenziale realisieren können.

IT unterstützt die Erfüllung des Masterplans. Nach der Erstellung des Masterplans ist zu entscheiden, welche Planungsansätze und -werkzeuge für die verbleibenden, flexibler einzuplanenden Produkte verwendet werden sollen. In Frage kommen die klassischen MRP II (Manufacturing Resource Planning)-Systeme (wie z.B. in der Software SAP R3 realisiert) oder die Advanced Planning Systems (wie z.B. SAP APO und die Produkte der Hersteller i2 oder Manugistics), die erst seit einigen Jahren auf dem Markt sind. Beiden Planungskonzepten ist gemein, dass sie Produktionsprogramme auf Basis gegebener Endproduktbedarfe ermitteln und dabei Fertigungsdurchlaufzeiten und andere Parameter berücksichtigen. Wenn ein Masterplan vorliegt, ist IT-Unterstützung insbesondere bei der flexiblen Einplanung von „C"-Produkten und Aktionen sinnvoll. Die IT kann hier eine ganzheitliche Termin- und Losgrößenoptimierung leisten, die die vorhandenen Kapazitäten berücksichtigt. Allerdings ist dabei zu prüfen, welcher Aufwand für die Planung dieser Produkte bzw. Produktionsaufträge gerechtfertigt ist.

Zeitleistenmanagement: klare Vorlaufzeiten mit Transparenz für alle. Das zweite wesentliche Element einer stabilen und optimierten Produktionsplanung ist ein sorgfältiges Zeitleistenmanagement. Zeitleistenmanagement definiert, mit welchen Zeithorizonten was für Änderungen des Produktionsplans noch zulässig sind. Ziel ist es, eine „Frozen Period" zu erreichen – einen Zeitraum, für den die Produktionspläne festgeschrieben sind und nicht mehr verändert werden dürfen. Oftmals existiert in der Konsumgüterindustrie ein Planungszyklus, z.B. ein wöchentlicher Zyklus, dessen Eingangsdaten zu einem fixen Zeitpunkt im Detail feststehen müssen, etwa am Donnerstag für die Planung der Folgewoche. Der Produktionsplan wird dann für den Planungszyklus festgeschrieben und wird danach nicht mehr geändert. Die Frozen Period beträgt in einem solchen Fall 1 Woche.

Um auch im Zeitleistenmanagement die Balance aus Regelbefolgung und Flexibilität zu finden, kann die Zeitleiste differenziert werden: So wird z.B. das Volumen für eine bestimmte Produktgruppe mit einer Vorlaufzeit von 4 Wochen festgelegt. Bis 1 Woche vor Produktionsbeginn kann vom Gesamtvolumen noch um 30% abgewichen werden, danach ist keine Veränderung mehr möglich. Die Produktionsmengen je Verpackungsvariante werden 3 Tage vor Produktionsbeginn festgelegt und „eingefroren", die Produktionsmenge je Beschriftungs- bzw. Etikettenvariante 24 Stunden vor Produktionsbeginn. Die Zeitleisten werden nach den Produktions-, aber auch nach den Marktgegebenheiten festgelegt. So kann der Service für wichtige, profitable Kunden auch klar definierte „Änderungen" innerhalb kürzerer Vorlaufzeiten umfassen.

Konsequenz statt Klüngel. Die beste Zeitleiste nützt natürlich nur wenig, wenn sie nicht eingehalten wird und stattdessen durch informelle Absprachen – oft unter dem Druck von Vertrieb und Unternehmensführung – aufgeweicht wird. Frozen Periods und Zeitleisten brauchen daher die klare Unterstützung durch das Topmanagement. Ausnahmen dürfen nicht ad hoc angeordnet, sondern müssen bei der Festlegung der Zeitleiste im Voraus definiert werden.

Steht die Zeitleiste einmal fest und wird die Frozen Period konsequent befolgt, ist das nächste Ziel eine kontinuierliche Verkürzung der Vorlaufzeiten. Um langfristig zu flexiblen Strukturen zu gelangen, kann es aber notwendig sein, zuerst einmal einen Schritt zurückzugehen: Ein erfolgreicher Konsumgüterhersteller hat beispielsweise im Zuge der Einführung eines integrierten Bedarfs- und Supply-Chain-

Planungssystems die Frozen Period zunächst von 1 Woche auf 2 Wochen verlängert. Durch die verbesserte Planung wirkte sich diese Ausweitung der Frozen Period nicht negativ auf die Bestände oder den Kundenservice aus. Gleichzeitig konnte der Hersteller die Produktion bei geringeren Produktionskosten erheblich stabilisieren.

Flexibilität, nicht Chaos. Stabile Produktionsfrequenzen, festgelegt in einem Masterplan, und diszipliniertes Zeitleistenmanagement – wie passt das zu der geforderten und bei erfolgreichen Unternehmen zu beobachtenden Flexibilität? Das Zauberwort ist „geplant". In erfolgreichen Unternehmen beobachten wir geplante im Gegensatz zu chaotischer Flexibilität. Chaotische Flexibilität begegnet Planungsunzulänglichkeiten entlang der gesamten Supply Chain mit Feuerwehraktionen, plötzlichen Änderungen und überhöhten Kosten auf allen Stufen der Lieferkette. Geplante Flexibilität basiert auf definierten Rhythmen, Regeln und Prozessen, die systematisch optimiert werden. Erfolgreiche Unternehmen stellen große Bedarfsmengen nicht in großen Produktionsläufen her, sondern eben mit höherer – aber stabiler – Frequenz. Einmal definierte Frozen Periods reduzieren diese Unternehmen kontinuierlich, indem sie z.B. die Vorlaufzeiten in der Planung verkürzen. IT wird eingesetzt, um verbleibende Planungsprobleme zu lösen. Stabile Pläne und Planungsprozesse sind damit nicht der Endpunkt eines Planungskonzepts, sondern der Ausgangspunkt für eine kontinuierliche Verbesserung der Produktionsplanung.

4. Integrierte Supply-Chain-Organisation – miteinander statt gegeneinander

Häufig reicht der Blick auf das Organigramm eines Unternehmens aus, um die größten Konfliktfelder der Supply Chain zu erkennen, denn die Aufbauorganisation hat weit reichende Konsequenzen für die Prozesse und Schnittstellen der Supply Chain. Ein zentrales Thema also – und gleichzeitig ein äußerst sensitives: Kaum eine andere Maßnahme im Unternehmen hat so unmittelbare und persönliche Auswirkungen für die Beteiligten wie die (Neu-)Definition von Verantwortungsbereichen. Daher verwundert es kaum, dass über diese meist sehr emotional diskutiert wird.

Das folgende Kapitel behandelt das Thema Organisation sachlich und faktenorientiert: Anhand der klassischen Konflikte in der Supply Chain erläutern wir, wie durch die gezielte Bündelung von Supply-Chain-Aufgaben in einzelnen Einheiten der Aufbauorganisation reibungslose Abläufe entlang der Lieferkette entstehen. Wir gehen zunächst auf die Auswahl des Organisationsmodells und die funktionale Verankerung der Supply-Chain-Organisation ein. Anschließend stellen wir eine breite Palette von Maßnahmen und Optionen für die praktische Umsetzung vor – von der organisatorischen und geografischen Ansiedlung der Mitarbeiter bis hin zu den „weicheren" Faktoren der Organisationsentwicklung.

Supply-Chain-Konflikte – ein Blick hinter die Organigramme

Alltag voller Konflikte. „Die Supply Chain läuft doch bei uns. Gut – ein paar Überstunden hier, eine verspätete Lieferung da; na ja, und dort haben wir mal einen Kunden verloren, der schon mehrmals reklamiert hatte – aber da hätte sich der Vertrieb auch mehr drum kümmern können."; „Wenn wir vom Vertrieb endlich vernünftige Planungen bekämen …"; „Wenn die Produktion doch endlich mehr

Flexibilität zeigen würde …"; „Bestände runter? Wir haben doch gerade die ‚Kunde zuerst!'-Offensive gestartet!"

Warum ist der Alltag in der Supply Chain so voller Konflikte und widersprüchlicher Interessen? Warum wird der Ausnahmefall so häufig zur Regel? Die Antwort auf diese Fragen ist oft nicht in operativen oder menschlichen Unzulänglichkeiten zu suchen, sondern in der gewählten organisatorischen Struktur des Unternehmens.

3 klassische Spannungsfelder. In der Supply Chain gibt es vor allem 3 potenzielle Spannungsfelder: zwischen Vertrieb und Produktion, zwischen verschiedenen regionalen Einheiten und zwischen Zentrale und dezentralen Einheiten. Von der Aufbau- und Ablauforganisation sowie dem Schnittstellenmanagement hängt es ab, wie gut die Aktivitäten koordiniert werden – ob Konflikte offen zum Ausbruch kommen oder konstruktiv angegangen werden. Abbildung 4-1 zeigt das Organigramm eines Unternehmens aus der Lebensmittelindustrie, in dem die 3 genannten Spannungs-

Abbildung 4-1: ORGANISATION MIT KONFLIKTPOTENZIAL

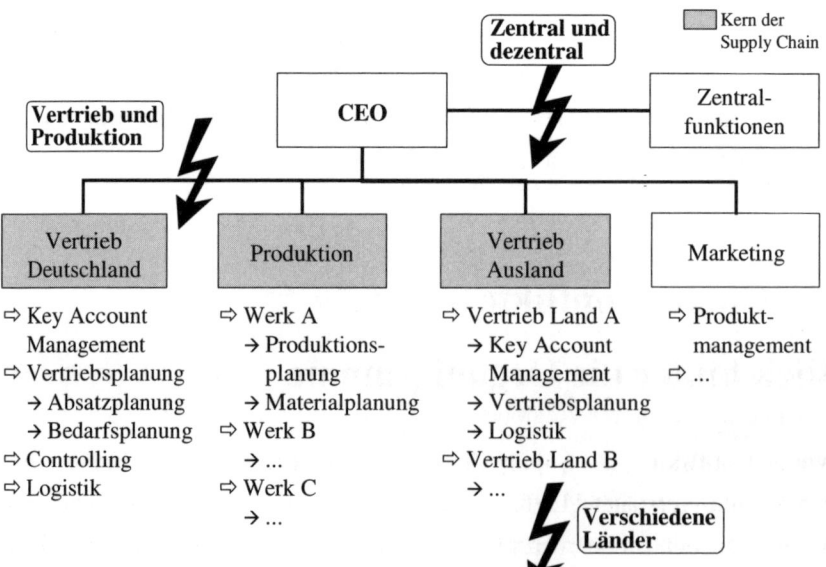

felder deutlich werden.

Vertrieb und Produktion – 2 Welten treffen aufeinander. Dass an den Schnittstellen zwischen Funktionen Missverständnisse und Konflikte entstehen, ist nicht neu. In der Konsumgüterindustrie hakt es besonders bei der Zusammenarbeit von Produktion und Vertrieb: Die Produktion wird meist an den Kosten gemessen und denkt in technischen Dimensionen; sie ist an möglichst langfristigen, verlässlichen Plänen interessiert, um die Abläufe in den Werken optimieren zu können. Ganz anders der Vertrieb: Dessen Welt ist naturgemäß von den Kundenanforderungen geprägt. Um auf die aktuelle Situation am Markt reagieren zu können, strebt er eine möglichst flexible Planung an. Eine typische Folge davon sind Auseinandersetzungen über die Bestandshöhe. Je nachdem, ob das Bestandsmanagement von Produktion oder Vertrieb verantwortet wird, ist es von den Interessen der einen oder anderen Unternehmensfunktion und entsprechend eher von kurz- oder langfristigen Interessen beeinflusst.

In der oben abgebildeten Organisationsstruktur hat der Vertrieb die Verantwortung für den Bestand. Entsprechend stark greift er in die Abläufe der Produktion ein. Im Rahmen der Nachschubplanung gibt er vor, welche Produkte wann und in welchen Mengen zu produzieren sind – und der Produktion bleibt nur wenig Spielraum, um durch Optimierung von Reihenfolgen und Losgrößen die Kosten zu senken. Streitigkeiten sind dadurch vorprogrammiert: Einerseits kann die Produktion den Vertrieb für Kostennachteile infolge schlechter Planung und kurzfristiger Anpassungen verantwortlich machen, andererseits macht der Vertrieb die Produktion gern zum Sündenbock für verfehlte Bestandsziele und Defizite im Servicelevel.

Die Länderorganisationen – Fürstentümer und Seilschaften. In internationalen Unternehmen kommt eine zusätzliche Konfliktdimension hinzu: Wenn Vertriebsgesellschaften aus mehreren Regionen auf die gleiche Produktionskapazität zugreifen, kann jeder Engpass zu Gerangel zwischen unterschiedlichen Interessen führen. Häufig können sich die Regionen auf keine einvernehmliche Lösung einigen; als Ultima Ratio muss die Unternehmensleitung eingreifen.

In unserem Beispiel in Abbildung 4-1 hat der deutsche Vertrieb eine herausragende Stellung – eine Lösung, die bei deutschen Konsumgüterherstellern noch häufig anzutreffen ist. Die Organisation befindet sich auf halber Wegstrecke zwischen nationalen Strukturen und einer europäischen Lösung: Die Produktion ist bereits europäisiert, aber im Vertrieb ist das Ausland organisatorisch noch untergeordnet. Gleichzeitig sind die alten Seilschaften noch vorhanden. Der deutsche Vertriebs-manager hat natürlich einen besseren Draht zum Werkleiter in Köln als der Vertriebskollege aus dem fernen Paris. Da liegt es nahe, in „Notfällen" schon mal einen dringenden Auftrag für einen deutschen Kunden vorrangig unterzubringen. Die übrigen Vertriebsorganisationen arrangieren sich, indem sie zusätzliche Puffer einbauen: Sie halten etwas mehr Bestand vor und planen sicherheitshalber größere Mengen ein als notwendig. Effizienzverluste in der Produktion und überhöhte Bestände in den Landesorganisationen sind die Folgen.

Zentral oder dezentral – oft eine Machtfrage. Der dritte potenzielle Konfliktherd ist die Beziehung zwischen zentralen und dezentralen Funktionen. Die einzelnen Funk-tionen und Regionen möchten Entscheidungen möglichst autonom treffen – basie-rend auf aktuellen Informationen über die lokalen Gegebenheiten und ohne Einmi-schung einer Zentralfunktion. Aus der Gesamtperspektive des Unternehmens hin-gegen bringt eine unternehmensweite Harmonisierung und Standardisierung Vorteile mit sich, die dann gegenüber dem potenziellen Motivationsverlust der dezentralen Stellen abzuwägen sind. Solche Grundsatzfragen müssen im Interesse einer effizi-enten Produktion und Logistik und damit einer effizienten Supply Chain zügig geklärt werden. Wie wir später in diesem Kapitel noch sehen werden, beeinflusst auch die Verankerung von Marketing und Controlling die Leistung der Supply Chain.

Im obigen Organisationsbeispiel ist keine klare Zentralisierungstendenz zu erken-nen: Die Produktion ist zwar europäisiert, so dass sie Entscheidungen stärker aus einer länderübergreifenden Perspektive treffen kann. Logistik und Controlling je-doch sind in den einzelnen Landesgesellschaften beim Vertrieb verankert, haben also nicht die Möglichkeit, durch europaweiten Abgleich ihrer Aktivitäten – bei-spielsweise durch regelmäßiges internes Benchmarking – Optimierungsmaßnahmen anzustoßen.

Erfolgreiche Unternehmen setzen auf Integration

Integration überwindet Konflikte. Mit einer integrierten Supply-Chain-Organisation fällt es nicht schwer, eine konstruktive Lösung für die beschriebenen Konflikte zu finden. „Integration" bedeutet dabei, dass die Verantwortung für die Supply-Chain-Prozesse bei einigen wenigen Personen gebündelt wird. Voraussetzung dafür ist wiederum ein geeignetes Organisationsmodell mit passender funktionaler Angliederung der relevanten Aktivitäten, insbesondere der Supply-Chain-Planung.

Integration muss organisatorisch verankert werden. Nicht selten bekamen wir bei den Interviews im Rahmen unserer Studie zu hören, dass die Struktur des Unternehmens für die Supply Chain nicht entscheidend sei: „Aufbauorganisation spielt keine große Rolle – wir arbeiten so oder so gut zusammen." Die Analyse der Supply Chain Champions widerlegt diese Ansicht: Sie setzen in der Mehrheit durchaus auf organisatorisch klar abgegrenzte Supply-Chain-Organisationen, die eine ganzheitliche Optimierung der Supply Chain unterstützen. Bewertet man den Grad der organisatorischen Umsetzung der Integration auf einer Skala von 0 (Verantwortung nicht integriert) bis 100 (Verantwortung an einer Stelle integriert), erreichen die Supply Chain Champions der Konsumgüterhersteller immerhin einen durchschnittlichen Wert von 71 – gegenüber nur 52 bei den Verfolgern. Bei den Champions ist die Supply-Chain-Verantwortung meist klar in einem Vorstandsbereich gebündelt, nur wenige Aufgaben werden an weitere Abteilungen übertragen. Bei den Verfolgern verteilt sich diese Verantwortung häufig auf verschiedene Abteilungen und Bereiche oder sie ist überhaupt nicht klar zugewiesen.

Champions wählen überlegenes Organisationsmodell. Ganz entscheidend für das Funktionieren der Integration ist die Vorgabe eines passenden Gesamtrahmens für die Supply-Chain-Organisation. Wir haben 3 unterschiedliche Organisationsmodelle identifiziert, die sich vor allem darin unterscheiden, wo die Verantwortung für die Bestandshöhe und die zugehörigen Nachschubplanungsprozesse angesiedelt ist (Abbildung 4-2).

**Abbildung 4-2: INTEGRATION DES SCM-GESAMTPROZESSES –
3 ORGANISATIONSMODELLE**

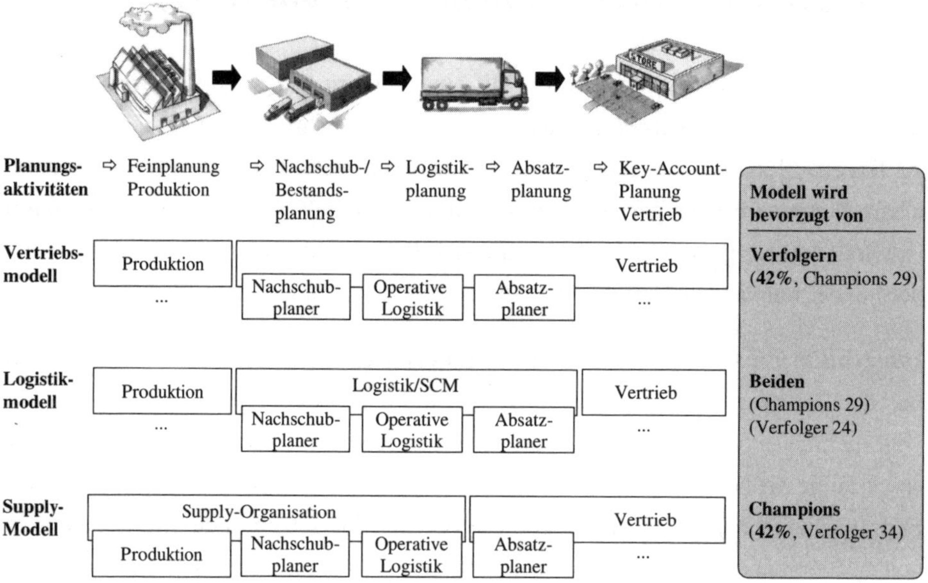

Planungs-aktivitäten	⇨ Feinplanung Produktion	⇨ Nachschub-/ Bestands-planung	⇨ Logistik-planung	⇨ Absatz-planung	⇨ Key-Account-Planung Vertrieb	Modell wird bevorzugt von
Vertriebs-modell	Produktion ...	Nachschub-planer	Operative Logistik	Absatz-planer	Vertrieb ...	**Verfolgern** (**42%**, Champions 29)
Logistik-modell	Produktion ...	Nachschub-planer	Logistik/SCM Operative Logistik	Absatz-planer	Vertrieb ...	**Beiden** (Champions 29) (Verfolger 24)
Supply-Modell	Supply-Organisation Produktion	Nachschub-planer	Operative Logistik	Absatz-planer ...	Vertrieb	**Champions** (**42%**, Verfolger 34)

Vertriebsmodell eher von Nachteil. Das Vertriebsmodell baut auf der traditionellen Rollenverteilung zwischen Vertrieb und Produktion auf: Der Vertrieb plant den Absatz, managt den Bestand und bestellt den Nachschub auf Basis des Absatzplans bei der Produktion. Diese ist dann weitgehend an die vorgegebenen Termine und Mengen gebunden und hat nur noch wenig Optimierungsspielraum. Meist ist bei diesem Modell auch die Logistik in die Vertriebsorganisation eingegliedert – eine Lösung, die das angestrebte ganzheitliche Supply Chain Management nicht gerade fördert. Es überrascht daher kaum, dass sich das Vertriebsmodell überwiegend bei den Verfolgern findet: 42% von diesen, aber nur 29% der Champions arbeiten mit diesem Organisationsmodell.

Logistikmodell mindert Konfliktpotenzial. Die Bündelung der Planungsprozesse in einer eigenständigen Logistikorganisation ist eine erste Alternative zum Vertriebsmodell. Die Logistikorganisation plant hier den gesamten Warenfluss – von den Eckterminen für die Produktion bis hin zur operativen Logistik, eventuell sogar bis zum Endkunden. Meist übernimmt sie auch operative Aufgaben der Absatzplanung in enger Rückkopplung mit dem Key Account Management des Vertriebs. Durch die neutrale Außenperspektive der Logistik können Konflikte zwischen Vertrieb und Produktion leichter gelöst werden, eine einseitige Optimierung wird vermieden.

Zusätzliche Vorteile bringt dieses Modell dann, wenn die gleichen Produkte an mehreren Standorten gefertigt und bei vertretbaren Kosten zu weiter entfernten Zielmärkten transportiert werden können. Bei dieser Konstellation kann eine zentral gesteuerte Zuordnung von Produkten und Werken weitere Potenziale erschließen. 29% der Champions wählen das Logistikmodell, 5% mehr als bei den Verfolgern (24%). Ein Beispiel für ein Unternehmen, das das Logistik-Modell anwendet, ist der Nahrungsmittelhersteller Dr. Oetker. Bei diesem Unternehmen sind von der Absatzplanung über die Produktionsvorplanung und die Materialbedarfsplanung bis hin zur Bestandssteuerung und zum Management des Lieferservice alle wesentlichen Planungsaktivitäten unter einem Dach. Die zuständige Logistikabteilung kann daher Optimierungen mit einer Gesamtperspektive von den Lieferanten bis hin zu den Handelskunden vornehmen.

Supply-Modell fördert Gesamtoptimierung. Beim Supply-Modell als zweiter Alternative zum Vertriebsmodell trägt die produzierende Einheit die Verantwortung für die Bestände. Zusätzlich zur operativen Verantwortung für die Werke übernimmt die Produktion also auch die Verantwortung für die operative Nachschubplanung. Meist wird der so gebildete Bereich „Supply", „Supply Chain" oder „Operations" genannt. Er bestimmt die zur Deckung des geplanten Bedarfs notwendigen Liefermengen und Zeitpunkte und kann sie daher als Stellhebel für eine Gesamtoptimierung benutzen. Mit dem Vertrieb vereinbart er fest vorgegebene Bestands- und Serviceziele als Rahmen für die Nachschub- und Produktionsplanung.

In erfolgreichen Lieferketten verfolgt der Supply-Bereich das Ziel einer optimalen Supply-Chain-Gesamtleistung und wird auch an diesem Ziel gemessen. Er hat also nichts mehr gemein mit seinen Vorgängern, den traditionellen Produktionsbereichen, die sich an Auslastung und reinen Produktionskosten orientierten. Das

Supply-Modell wird überproportional häufig von Champions eingesetzt (42%) und seltener von den Verfolgern (34%). Ein Beispiel für die Anwendung des Supply-Modells findet sich bei SCA. Hier übernimmt die Produktion dezentral einen großen Teil der operativen Planung und kann daher bei der Optimierung insbesondere das Potenzial in den Produktionsprozessen ausschöpfen. Dabei agiert die Produktion innerhalb von Rahmenvereinbarungen, wie z.B einem Bestandskorridor, der mit Vertrieb und Logistik vereinbart wird.

Das Organigramm ist erst der Anfang

Auswahl des Integrationsmodells: stabil oder dynamisch? Die Reorganisation der Supply Chain beginnt also mit der Auswahl des passenden Organisationsmodells. Das Vertriebsmodell wird dabei in den seltensten Fällen in Frage kommen: Es hat seine Berechtigung im Grunde nur dann, wenn langfristige Fertigungsengpässe dazu führen könnten, dass die Allokation knapper Produkte zu den Absatzmärkten gefährdet ist. In der Konsumgüterindustrie kommt diese Situation heute kaum noch vor. In der Regel wird für Hersteller daher das Logistik- oder das Supply-Modell besser geeignet sein. Welches von beiden letztendlich vorzuziehen ist, gilt es im Einzelfall zu entscheiden: Ist die Supply Chain relativ stabil und sind Produktveränderungen eher selten, empfiehlt sich das Supply-Modell, denn eine unabhängige Organisationseinheit für Planung und Logistik bietet hier nur ein geringes Wertschöpfungspotenzial. Dynamische Supply Chains mit komplexeren Materialflüssen – wie sie vor allem bei Herstellern mit stark wechselndem Produktprogramm anzutreffen sind – sprechen dagegen eher für das Logistikmodell. Die Konfliktpotenziale sind hier von Haus aus größer, so dass es sinnvoll sein kann, eine übergeordnete Planungs- und Logistik-Organisationseinheit als neutrale Koordinationsstelle einzusetzen.

Nächster Schritt: die Ausgestaltung. Für welches Organisationsmodell Sie sich auch entscheiden, mit dem Aufskizzieren der Kästchen im Organigramm fängt die Arbeit erst richtig an: Denn ebenso wichtig wie die Konzeption ist die Detail-Ausgestaltung der integrierten Supply-Chain-Organisation. Wird sie nicht sorgfältig und konsequent ausgeführt, bleibt die neue Organisation vermutlich ein Papiertiger.

Zunächst müssen 2 grundsätzliche Punkte geklärt werden: erstens die Verankerung der Supply-Chain-Organisation in der Gesamtstruktur des Unternehmens, und zweitens die geografische Aufteilung in zentrale und dezentrale Einheiten. Anschließend muss die Supply-Chain-Organisation mit den passenden Mitarbeitern besetzt werden; dabei gilt es, eine Reihe von „weichen" Faktoren der Organisation zu beachten.

Organisatorische Verankerung der Supply-Chain-Organisation: abhängig von Gesamtausrichtung. Vor allem bei stark diversifizierten und global tätigen Unternehmen stellt sich die Frage, auf welcher hierarchischen Ebene die Supply-Chain-Verantwortung anzusiedeln ist. Oder anders gefragt: Wer ist in einem Großkonzern für das operative Management der Supply Chain zuständig – die Konzernzentrale, einzelne Geschäftsfelder oder beide? Die Antwort hängt von der grundsätzlichen strategischen Ausrichtung der Gesamtorganisation ab (Abbildung 4-3).

Abbildung 4-3: MÖGLICHKEITEN DER VERANKERUNG DER SUPPLY-CHAIN-ORGANISATION IM KONZERN

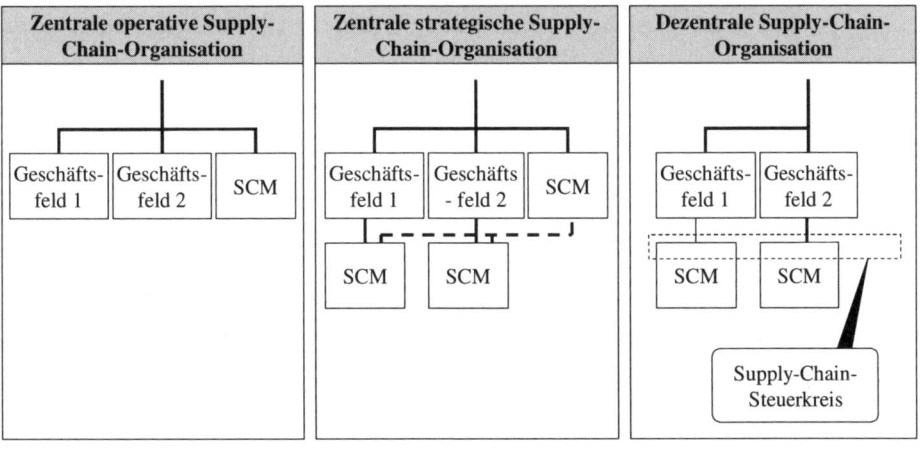

- **Zentrale operative Supply-Chain-Organisation:** Zentralisierte Unternehmen tun gut daran, die Supply-Chain-Organisation auf der ersten Ebene unterhalb der Unternehmensleitung anzusiedeln und ihr die komplette strategische und operative Verantwortung für alle Geschäftsfelder zu übertragen – vor allem dann, wenn Produktion und Logistik der einzelnen Geschäftsfelder sich stark überlappen.

- **Zentrale strategische Supply-Chain-Organisation:** Unternehmen, bei denen sich die Zentrale als Dienstleister der Geschäftsfelder versteht, werden nur strategische Aufgaben zentral ansiedeln. Die operativen Aufgaben werden sie den einzelnen Geschäftsfeldern zuordnen, die sich dann innerhalb der zentral vorgegebenen Rahmenbedingungen bewegen müssen. So wird beispielsweise das Management der internationalen physischen Logistik in einer solchen Struktur häufig zentralisiert, um geschäftsfeldübergreifende Synergien optimal auszuschöpfen. Dezentrale Supply-Chain-Organisationen greifen in diesem Fall auf die Infrastruktur und Logistikdienstleistungen zurück, die zentral geplant und gemanagt werden.

- **Dezentrale Supply-Chain-Organisation:** Dezentral strukturierte Unternehmen, die sich eher als Holding für mehrere eigenständig geführte Geschäftsfelder verstehen, unterstellen die Supply-Chain-Organisation allein den Geschäftsfeldern. Die Koordination geschäftsfeldübergreifender Supply-Chain-Aktivitäten wird von einem Arbeitskreis übernommen, der aus den jeweiligen Supply-Chain-Verantwortlichen gebildet wird. Ein mit Vorstandsmitgliedern besetztes Kontrollgremium gibt Ziele vor und verfolgt deren Erreichung.

Zentralisierung bedeutet nicht automatisch auch physische Konzentration der Mitarbeiter. Supply Chain Management heißt, über organisatorische, aber auch geografische Grenzen hinweg zu arbeiten und zu optimieren. Die dazu notwendige Zentralisierung zerfällt in 2 Gestaltungselemente: die organisatorische Zuordnung von Mitarbeitern und deren geografischer Standort. Beide können weitgehend getrennt voneinander gehandhabt werden – organisatorische Zentralisierung läuft also nicht zwangsläufig auch auf eine geografische hinaus!

Das Für und Wider einer Zusammenführung der Mitarbeiter an einem Ort ist genau abzuwägen. Einerseits hat sie natürlich den Vorteil, dass der Austausch zwischen den Mitarbeitern gefördert wird und ein Wir-Gefühl entstehen kann. Andererseits aber bedeutet eine geografische Zentralisierung die Entfernung zumindest eines Teils der Mitarbeiter vom Ort des Geschehens – von der Produktion oder den regionalen Märkten – und das hat entscheidende Nachteile: Nach wie vor sind IT-Systeme oft nicht in der Lage, Eckdaten wie Bedarfe, Termine, Bestände oder Kapazitäten aktuell und korrekt bereitzustellen – und wo sie es können, fehlt dann doch das „weiche" Wissen der Mitarbeiter vor Ort, etwa über das regionale Kundenverhalten oder die tatsächliche Leistungsfähigkeit der Produktionsanlagen.

Die Zentralisierung operativer Tätigkeiten, z.B. des Auftragsmanagements, bringt oft unnötige Verzögerungen und Informationsverluste mit sich, ohne einen spürbaren Mehrwert zu schaffen: Häufig bleibt die erhoffte Wirkung der Integration ganz aus, die geschaffene zentrale Supply-Chain-Organisation wird von den operativen Einheiten als zusätzliche Bürokratie empfunden. Charakteristisch für eine solche Situation ist das Entstehen informeller Kommunikationswege – z.B. zwischen Vertrieb und Produktion – unter Umgehung der Zentrale. Daraus ergeben sich zusätzlich Synchronisationsschwierigkeiten zwischen offiziellen und informellen Vereinbarungen.

Erfolgreiche Supply-Chain-Organisationen fassen daher nur einen geringen Teil ihrer Mitarbeiter tatsächlich an einem Ort zusammen; die Mehrzahl der Mitarbeiter agiert vor Ort in Vertrieb, Produktion oder Logistik. Diese Mitarbeiter sind aber trotzdem Teil der Supply-Chain-Organisation und dort einem fachlich Vorgesetzten unterstellt. In Abbildung 4-4 ist die Supply-Chain-Organisation eines Champions dargestellt, der die Verantwortung stark zentralisiert hat: Ein Supply Chain Manager ist verantwortlich für die Produktion in den verschiedenen Ländern sowie die kompletten Bedarfs- und Produktionsplanungsprozesse. Am selben Standort wie er arbeiten aber nur 15 Mitarbeiter aus dem Controlling und der zentralen Bedarfsplanung. Die Produktionsplaner gehören zwar zur Supply-Chain-Organisation, sind aber vor Ort in den Werken angesiedelt. Die Verantwortung für die Produktion tragen die einzelnen Werke.

Stabsfunktionen zentralisieren. Für die räumliche Zusammenlegung gut geeignet sind vor allem strategische Aufgaben und Stabsfunktionen wie das Netzwerkdesign, das Supply Chain Controlling, und die Entwicklung und Standardisierung von Supply-Chain-Management-Systemen und -Prozessen sowie die IT-Unterstützung. Bei komplexeren Produktionsstrukturen kommen zusätzliche Aufgaben hinzu, wie

**Abbildung 4-4: SUPPLY-CHAIN-ORGANISATION EINES CHAMPIONS –
ZENTRALISIERUNG MIT GEOGRAFISCH DEZENTRALEN STRUKTUREN**

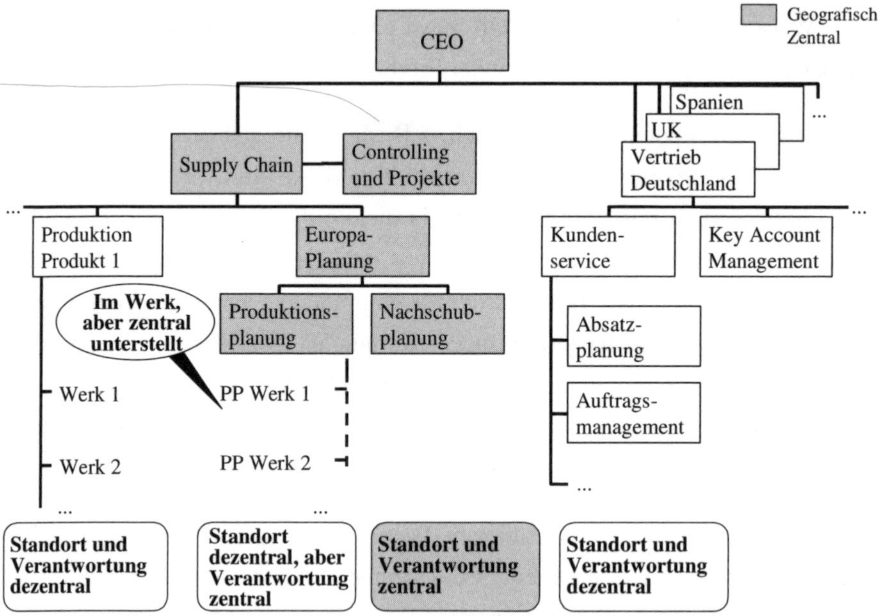

etwa eine langfristige Produktions-Masterplanung oder die Unterstützung von Outsourcing-Entscheidungen.

Nutzen zentraler Planung genau prüfen. Die Zentralisierung operativer Aufgaben, z.B. der Bedarfsplanung, ist grundsätzlich dann sinnvoll, wenn Bedarfe flexibel und ökonomisch sinnvoll auf alternative Produktionsstandorte verteilt werden können. Bevor eine Entscheidung für oder gegen die Zentralisierung der Planung getroffen wird, müssen also zunächst die Gesamtkosten analysiert werden. Dabei sind wichtige Randbedingungen wie die Kapazitätsgrenzen der verschiedenen Produktionsstätten zu beachten. Um den Überblick über die verschiedenen Standorte zu behalten, kann auch die Zentralisierung von Bedarfsplanung, Bestandsmanagement und Auftragsmanagement sinnvoll sein. Wenn aber eine ganzheitliche Sicht bei der Bedarfsplanung keinen wesentlichen Nutzen bringt, sollten die Mitarbeiter der Supply-Chain-Organisation, die diese Aufgabe übernehmen, vor Ort in der Nähe des Vertriebs oder der Produktion arbeiten.

Auf Mitarbeiter flexibel eingehen. Von der oben vorgestellten puristischen Lösung können Unternehmen je nach Randbedingungen natürlich auch abweichen. Im konkreten Fall müssen Verantwortungsbereiche aus praktischen Gründen gegebenenfalls anders geschnitten und die Aufgaben, anders als im Modell vorgesehen, auf zentrale und dezentrale Einheiten verteilt werden. Nur wenige Organisationen kommen ohne Ausnahmen und Anpassungen aus, die meist aus Rücksichtnahme auf gewachsene Strukturen und aus der Verfügbarkeit geeigneter Mitarbeiter resultieren.

Ein Beispiel für eine in hohem Maße dezentral ausgerichtete Supply-Chain-Organisation findet sich bei SCA Hygiene Products. Hier wurde das Supply-Modell mit einem hohen Maß an Verantwortung für die einzelnen Werksstandorte umgesetzt:

Auch komplexe Strukturen klar organisieren

Jörg Seyffarth, SCA Hygiene Products, über dezentrale Organisationsstrukturen:
Die Consumer Products Division der SCA Hygiene Products ist europäischer Marktführer im Tissuemarkt für Konsumgüter (Toilettenpapiere, Haushaltstücher, etc.). Zu unseren Marken in Deutschland gehören Zewa und Danke, aber auch führende Handelsmarken. Wir erwirtschafteten im Jahr 2002 in Europa über 2,5 Mrd. EUR Umsatz.

Bedingt durch die produktspezifischen Besonderheiten von Tissue-Produkten (große Volumina, geringe Endverbraucherpreise) sind die Logistik- und insbesondere die Transportkosten von großer Bedeutung, daher verfügen wir über ein dezentrales europäisches Netzwerk von mehr als 20 Produktions- und Logistikstandorten. Unsere Organisationsstruktur muss das Management dieser großen Komplexität erleichtern.

Bei der Organisation der Supply Chain folgen wir in Zentraleuropa dem Supply-Modell, in dem Produktion und operative Logistik unter einer regionalen Verantwortung stehen, und der Bereich Vertrieb die Aufgaben der Absatzplanung und des Customer Services übernimmt. Je nach Entwicklungsstufe des jeweiligen Absatzmarktes adaptieren wir dieses Organisationsmodell in den verschiedenen europäischen Ländern unterschiedlich.

Europaweit standardisiert sind die Supply-Chain-Prozesse und -Systeme. Neben der klaren Regelung der Verantwortung und Prozesse ist für uns insbesondere die starke Dezentralisierung der operativen Logistik innerhalb der allgemeingültigen Standards von Bedeutung. Innerhalb der Planungsprozesse bedeutet dies z.B. für die deutsche Organisation:

- Der Vertrieb führt die Absatzplanung durch. Dazu erstellt er einen wöchentlichen Absatzplan, der eine verbindliche „Bestellung" an die Supply Chain darstellt. Die Genauigkeit des Absatzplans wird bei uns kontrolliert, und der Vertrieb an der Qualität der Planung gemessen.

- Die Logistik ist für die Distribution und das Management der Materialwirtschaft und der Lager an den Standorten zuständig. Da die Logistik den besten Überblick über die gesamten Kosten hat und darüber hinaus die Lagerflächen bereitstellen muss, gibt sie durch einen Bestandskorridor den langfristigen Rahmen für das Bestandsmanagement vor.

- Die Produktion bietet kurzfristig das größte Optimierungspotential und hat daher die Gesamtverantwortung für die operative Nachschubplanung (Replenishment-Logik). Sie bestimmt, welche Produkte wann und in welchen Losgrößen produziert werden, und wie sich dementsprechend der Lagerbestand operativ entwickelt.

Jeder Standort plant dabei autonom für die Abnehmer von klar festgelegten Regionen, ohne dass eine zentrale Koordination für die operative Planung erfolgt. Dadurch wird eine marktorientierte Produktion zu optimalen Kosten sichergestellt. Die strategische Planung (> 1 Jahr) der Produktions- und Distributionsstruktur ist europaweit zentralisiert.

Die zunehmende Konsolidierung und Europäisierung unserer Handelskunden, in Verbindung mit einem schnell wachsenden Handelsmarkengeschäft, führen zu weiteren organisatorischen Herausforderungen, die sich zukünftig in einer Weiterentwicklung von einer geographisch geprägten hin zu einer kundenorientierten Organisation niederschlagen wird.

Hohe Anforderungen an Kompetenz der Supply-Chain-Mitarbeiter. Supply-Chain-Organisationen können nur dann erfolgreich sein, wenn sie ihre Autorität Kraft eigener Kompetenz und nicht allein durch formale Entcheidungsbefugnisse erlangen. Formale Verfügungsgewalt ist zweifellos notwendig, um ein Gesamtoptimum zu erreichen und bestimmte Ziele gegen lokale Interessen durchzusetzen. Doch wenn es bei den Supply Chain Managern an Kompetenz oder Qualifikation mangelt, kann das globale Optimum gar nicht erst erkannt, geschweige denn erreicht werden. Die Anforderungen an die Führungskräfte sind also hoch – vor allem dann, wenn die Unternehmenseinheit Mitarbeiter aus unterschiedlichen Kulturkreisen und Zeitzonen umfasst.

Auch von den übrigen Mitarbeitern wird viel verlangt: Sie müssen neben unternehmensspezifischem, funktionsübergreifendem Wissen und ausgezeichneten Kommunikationsfähigkeiten auch Expertenkenntnisse über Supply-Chain-Methoden bis hin zur Detailkenntnis von IT-Systemen mitbringen.

„Weiche" Faktoren beachten. Echte Supply-Chain-Leistungsträger steuern oft unerkannt und unbedankt wesentlich zum Unternehmenserfolg bei. Der Beachtung der „weichen" Faktoren kommt daher bei der Umsetzung einer Supply-Chain-Organisation entscheidende Bedeutung zu. Die Anerkennung von Leistungen, eine faire Bewertung sowie die Eröffnung von Aufstiegsmöglichkeiten oder neuen Karrierepfaden sind auch für die Motivation dezentral eingesetzter Mitarbeiter – unabhängig von ihrer jeweiligen Hierarchiestufe – entscheidend. Für die Mitarbeiter in einer dezentral strukturierten Organisationseinheit noch wichtiger als für die Mitarbeiter in der Zentrale sind außerdem eine starke fachliche Vision, das gemeinsame Lösen von Problemen und das Erleben von Erfolgen zusammen mit der gesamten Gruppe.

All dies fördert das Zusammenwachsen der Organisationseinheit und das Entstehen eines Wir-Gefühls auch fernab der Zentrale.

Supply-Chain-Organisation als Chance. Die Etablierung einer eigenständigen Supply-Chain-Organisation bietet aber gerade auch Chancen, Qualifikation und Motivation der Mitarbeiter zu verbessern. Denn einer eigenständigen, organisatorisch entsprechend aufgewerteten Supply-Chain-Organisation fällt es nicht nur leichter, Leistungsträger zu gewinnen und zu entwickeln, auch Austausch und Weiterentwicklung von methodischem Wissen sowie die Bündelung von Know-how sind hier einfacher als in zersplitterten Organisationen. Wichtig ist, diese Chancen zu erkennen und zu ergreifen und die neue Organisation nicht einfach bestehenden Strukturen und Mitarbeitern überzustülpen.

Aus der Praxis: Die Organisation mit Leben füllen

Ist der grobe organisatorische Rahmen für die Aufbauorganisation der Supply-Chain-Prozesse vorgegeben, dann müssen in einem nächsten Schritt die Teilprozesse überarbeitet werden. Auch innerhalb eines einzelnen Prozesses sind die Verantwortlichkeiten oft zersplittert und können durch stärkere Integration deutlich vereinfacht werden. Das Beispiel des Lagerabgangs am Zentrallager eines Konsumgüterherstellers soll dies verdeutlichen:

Abbildung 4-5: BETEILIGTE AM TEILPROZESS "LAGERABGANG AM ZENTRALLAGER"   BEISPIELUNTERNEHMEN

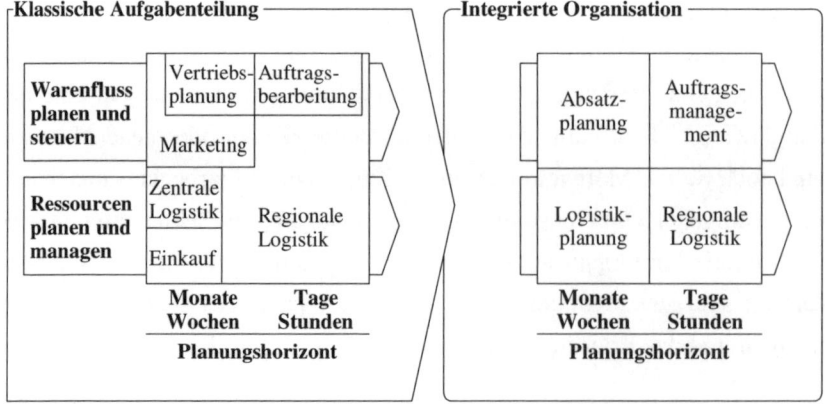

In dem Unternehmen waren – je nach Zeitrahmen und Aufgabenstellung – bis zu 6 verschiedene Funktionen gleichzeitig für diesen kleinen Ausschnitt der Supply Chain zuständig (Abbildung 4-5):

Zentrale und regionale Logistik teilten sich Planung und Management der für die Auftragsabwicklung notwendigen Ressourcen (Lager und Transportmittel); bei der Beschaffung von Logistikleistungen war zusätzlich der Einkauf einzuschalten; bei der Planung und Steuerung des Warenflusses wurde zwischen langfristiger (Marketing) und mittelfristiger Perspektive (Vertrieb) unterschieden, so dass es insbesondere bei Planänderungen nicht selten zu Kompetenzstreitigkeiten kam; die Auftragsbearbeitung nahm kurzfristig Aufträge entgegen, erhielt aber keinen Einblick in die Aktivitäten zur Erfüllung der Aufträge.

Durch die Neuverteilung und Integration der Aufgaben konnte die Anzahl der Akteure auf 4 reduziert werden. Diese orientieren sich an den Haupt-Geschäftsprozessen: In der **Absatzplanung** wurden lang- und mittelfristige Planungsaufgaben zusammengeführt und in einer Funktion gebündelt. Das **Auftragsmanagement** wurde aufgewertet und umfasst nun den kompletten Prozess von der Auftragsannahme bis zur Terminierung der Liefer-Lkws.

Schließlich wurde die strategische Gestaltung des Logistiknetzwerks inklusive des Dienstleistereinkaufs an einer Stelle – der **Logistikplanung** – zusammengefasst. Die **Regionale Logistik** schließlich managt den operativen Einsatz der Lagermitarbeiter, den Rampenbetrieb und die Transportabwicklung. Dank der klaren Definition der Schnittstellen ist diese organisatorische Konzeption auch gut geeignet, einzelne Elemente wie die Regionale Logistik fremdzuvergeben.

Integrierte Organisation im Handel

3 Gestaltungsalternativen. Im Gegensatz zu den Herstellern, die eine Vielzahl unterschiedlicher Organisationsmodelle verwenden, bieten Supply-Chain-Organisationen im Handel weniger Gestaltungsspielraum. Die Grundstruktur basiert auf den 3 Funktionen Einkauf, Zentrale Logistik und Vertrieb. Die Logistikabteilung ist in der Regel das Kernstück der Supply-Chain-Prozesse im Handel. Anhand ihres Aufgabenumfangs lassen sich 3 Gestaltungsalternativen mit steigendem Integrationsgrad unterscheiden:

- **Geringer Aufgabenumfang:** Bei dieser ersten Alternative ist die Verantwortung der Logistik auf die zentralen Transport- und Lageraktivitäten beschränkt. Der Logistiker wird in diesem Fall zum reinen Lagerverwalter ohne bestimmenden Einfluss auf Lagerbewegungen: Der Einkauf ist für die Disposition verantwortlich und bestimmt Lagerzugänge; der Vertrieb ist autonom und bestimmt durch seine Bestellungen die Lagerabgänge.

- **Erweiterter Aufgabenumfang:** Die zweite Gestaltungsalternative weitet den Aufgabenumfang der Zentralen Logistik in Richtung Lieferant aus: Sie übernimmt zusätzlich die Zentrallagerdisposition und vom Einkauf die operativen Lieferantenkontakte. Damit ist sie auch für das Lieferantencontrolling zuständig; die Controllingergebnisse stellt sie dem Einkauf für dessen Jahresgespräche und andere Auswertungen zur Verfügung. Das Verhältnis der Zentralen Logistik zu den nachgelagerten Prozessen bleibt gegenüber dem Ausgangsmodell mit geringem Aufgabenumfang stabil – diese Prozesse bleiben in der Verantwortung der Filialen und des Vertriebs.

- **Großer Aufgabenumfang:** Die dritte Alternative erweitert den Aufgabenumfang der Logistik auch in Richtung Kunde. Neben den eingehenden Warenströmen und der Zentralen Logistik zählen dann auch die Wareneingangsprozesse der Filialen zum Verantwortungsbereich der Logistik. Bei dieser Lösung fällt die Erarbeitung der Logistikkonzepte meist in die Zuständigkeit der Zentralen Logistik; die operative Verantwortung ist dezentral angesiedelt. In vielen Unternehmen zählt auch die Filialdisposition zu den Aufgaben der Logistik; die operative Umsetzung – z.B. die Regalpflege – übernehmen dann die Filialen.

Ein theoretisch mögliches 4. Modell mit erweitertem Aufgabenumfang der Logistik in Richtung Filialen, aber ohne die Übernahme der Zentrallagerdisposition kommt in der Praxis nicht vor.

Champions: Zentrallagerdisposition durch Logistik. Champions und Verfolger unterscheiden sich darin, wie viel Verantwortung sie der Zentralen Logistik zugestehen: Die Champions bei den Händlern übertragen ihr meist – genauer: 80% von

Abbildung 4-6: AUFGABENUMFANG DER ZENTRALEN LOGISTIK IM HANDEL – 3 ALTERNATIVEN

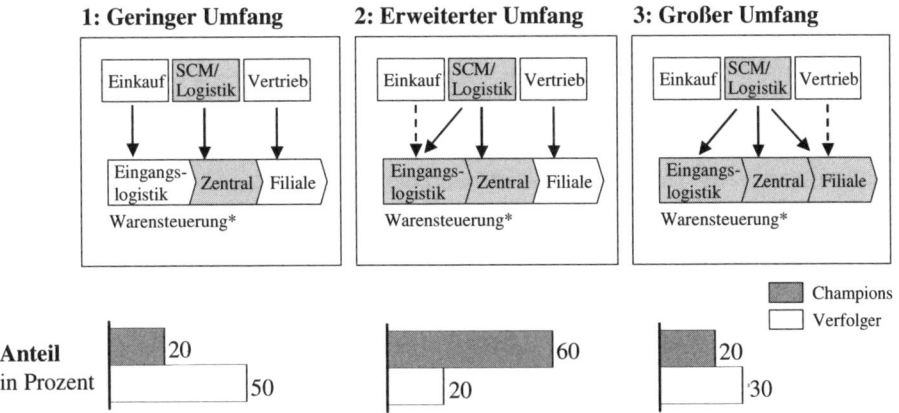

* Eingangslogistik = Zentrallagerdisposition, Logistikkontakte zu Lieferanten, Operatives Lieferantencontrolling;
  Zentral = Betrieb Zentrallager; Filiale = Filialdisposition, Verantwortung für Logistikkonzept der Filialen

ihnen tun dies – die Zentrallagerdisposition, traditionell eine Aufgabe des Einkaufs. Von den Verfolgern hat dies bisher nur die Hälfte umgesetzt. Dass die Ansiedlung der Zentrallagerdisposition bei der Zentralen Logistik für die Unternehmen ausgesprochen vorteilhaft ist, haben eine Reihe unterstützender Analysen bestätigt: Bei Unternehmen mit erweitertem Aufgabenumfang der Logistik sind die Dispositionsprozesse effizienter und effektiver, die operative Zusammenarbeit mit den Lieferanten besser und die Automatisierung der Warensteuerungsprozesse weiter fortgeschritten.

Filialdisposition – zentral oder dezentral? Während die Integration der Disposition und der Nachschubprozesse in die Logistik uneingeschränkt sinnvoll zu sein scheint, ist die Übernahme der Filialdisposition – traditionell eine Vertriebsaufgabe – nicht so eindeutig zu bewerten. Auf der einen Seite ist es gut und richtig, zentrale Standards für die Warensteuerung zu setzen und so die interne Komplexität und Fehleranfälligkeit zu reduzieren; auf der anderen Seite wünschen sich die Filialen verständlicherweise einen möglichst großen Gestaltungsspielraum, um auf die individuellen Anforderungen ihrer Kunden eingehen zu können. Dieses Spannungsfeld wird bei der Planung von Aktionen am besten deutlich: Hier kollidiert das Interesse des Einkaufs, bei Aktionsmengen z.B. durch die Zuteilung von Warenmengen Planungssicherheit herzustellen, mit der Notwendigkeit, die lokale Wettbewerbssituation zu berücksichtigen. Diese Ambivalenz spiegelt sich in der Verbreitung des Organisationsmodells wider: Nur 20% der Champions und 30% der Verfolger haben die Warensteuerung in den Filialen unter zentraler Verantwortung zusammengefasst.

Voraussetzung für Integration: Automatisierung. Wie weit die Verantwortung für die Filialdisposition in die Logistik integriert werden kann und sollte, hängt nicht zuletzt vom Grad der Automatisierung ab. Werden die Nachschubbestellungen der Filialen von zentralen Systemen unterstützt, bieten sich beträchtliche Rationalisierungsmöglichkeiten: Zum einen werden die Filialmitarbeiter dadurch von operativen Tätigkeiten entlastet und können sich stärker auf den Kundenservice konzentrieren, zum anderen ist die automatisierte Disposition meist viel genauer und fehlerfreier als die händisch ausgeführte. Viele Unternehmen des Einzelhandels arbeiten derzeit an der Einführung von Systemen, die die Filialdisposition übernehmen sollen. Andere, die solche Systeme kürzlich eingeführt haben, kämpfen noch mit Anfangsschwierigkeiten. Vermutlich ist dies mit ein Grund dafür, warum in der Frage der Filialdisposition noch kein nennenswerter Unterschied zwischen Champions und Verfolgern festzustellen ist.

Tendenz zur weiteren Integration. Eines hat sich bei unserer Studie ganz klar gezeigt: Auch im Handel geht der Trend in Richtung einer stärkeren organisatorischen Zusammenfassung von Aufgaben des Supply Chain Management. Die Verlagerung traditioneller Einkaufstätigkeiten ist bei vielen schon vollzogen, jetzt wagt sich die Logistikfunktion auch in die Vertriebsprozesse noch weiter hinein.

Die stärkere Standardisierung in der Logistik hat erhebliche Vorteile – nicht nur für die automatischen Warensteuerungsprozesse, sondern auch für den physischen Warenfluss: So kann es beispielsweise die Filiallogistik und das Einräumen der Regale enorm erleichtern, wenn die Waren von vornherein entsprechend der Regalaufteilung kommissioniert werden.

Optimale Lösung individuell abwägen. Dass Handelsunternehmen vor einer weiteren Integration der Supply-Chain-Prozesse zurückscheuen, liegt vor allem an der Komplexität der oft weit verzweigten und regional zergliederten Filialstrukturen. Hier muss jedes Unternehmen für sich den Grad der Integration und Zentralisierung finden, bei dem es das Potenzial der Standardisierung am weitesten ausschöpfen kann – ohne jedoch die Selbständigkeit der Marktleiter zu unterminieren.

5. Segmentierung – ein Mittel gegen Komplexität

Einige Anforderungen des Vertriebs wie hohe Lieferzuverlässigkeit und schnelle Reaktion auf Kundenbedürfnisse bei niedrigen Beständen können Unternehmen zumeist schon mit einer flexiblen Produktion erfüllen. Die aktuellen Marktentwicklungen aber stellen Unternehmen vor – im wahrsten Sinne des Wortes – komplexe Herausforderungen: Die durchschnittlichen Produktlebenszyklen haben sich in den letzten Jahren stark verkürzt; neue Produkte werden in immer kürzeren Abständen eingeführt – und verschwinden auch schneller wieder vom Markt. Gleichzeitig nimmt die Anzahl der Produktvarianten ständig zu. Die Folge dieser Entwicklungen: Das Produktportfolio der Herstellerunternehmen wird immer komplexer.

Dieses Kapitel geht der Frage nach, welcher Zusammenhang zwischen Komplexität und Leistung einer Supply Chain besteht. Oder anders formuliert: Wie viel Komplexität kann die Supply Chain verkraften, und wo sollte Komplexität – aus einer übergeordneten Perspektive betrachtet – unter Abwägung aller Vor- und Nachteile vermieden werden? Und – wenn erst einmal feststeht, wie viel Komplexität sinnvoll ist – wie kann diese Komplexität beherrscht werden?

Ausufernde Komplexität versus Kundenorientierung

Komplexität lässt Kosten explodieren. Bei einer der Diskussionsrunden, die wir im Rahmen unserer Studie abgehalten haben, waren die Vertreter aus Industrie und Handel einer Meinung: Die stetig zunehmende Produktkomplexität tut der Konsumgüterbranche nicht gut. Die kürzeren Produktlebenszyklen und der wachsende Variantenreichtum in den Produktportfolios der Unternehmen führen dazu, dass die Kosten explodieren. Und obwohl sich alle Beteiligten darüber im Klaren und einig sind, hat der Markt in den letzten Jahren eine Vielzahl von Produktinnovationen und -varianten gesehen. Nur ein Bruchteil der von der Industrie unter hohen Kosten eingeführten Innovationen ist jedoch nach 2 Jahren überhaupt noch im Handel.

Unter dem Strich bleiben den Unternehmen dann die Kosten: Entwicklungskosten, Kosten für die Markteinführung und Effizienzverluste in der Produktion durch eine häufige Umstellung der Prozesse. Ein Werksleiter merkte dazu in einem unserer Interviews an, dass seine auf Massenfertigung ausgelegte Produktion wegen häufiger Produkteinführungen, Sonderpromotions und Relaunches inzwischen fast öfter umrüstet als produziert. Und wenn eine Produktvariante eingestellt wird, entstehen weitere Kosten durch die Vernichtung von überflüssigen Verpackungen, Entsorgung von nicht mehr verkaufbaren Produkten sowie Abschriften im Handel. Und, nicht zu vergessen, durch den Aufwand im Handel: Wenn das Sortiment ständig wechselt, lässt es sich auch hier nicht mehr so verlässlich planen.

Komplexität gegen die Macht der Discounter? Im Marketing und Vertrieb der Konsumgüterhersteller sowie beim Warenmanagement der Vollsortiments-Einzelhändler sind die Kosten der Komplexität derzeit nicht das Hauptdiskussionsthema. Dort gilt es gerade, ein ganz anderes wichtiges Problem zu lösen: Der Vormarsch der Discounter in den letzten Jahren, der durch die Einführung des Euro Anfang 2002 noch einmal beschleunigt worden ist, hat den traditionellen Handel und die Markenartikler Marktanteile gekostet. Wenn diese im Kampf gegen die Eigenmarken der Discounter bestehen wollen, müssen die Hersteller darauf setzen, ihre Marken zu profilieren: durch höheren Werbedruck und ein höheres Innovationstempo. Das kann dem traditionellen Handel nur recht sein; er sitzt mit den Markenherstellern in einem Boot und nimmt deren Initiativen daher gerne auf.

Dennoch ist zu fragen, ob sich Marktanteile ausschließlich mit einem variantenreichen und schnell wechselnden Produktprogramm halten oder zurückgewinnen lassen. Denn vieles spricht dafür, dass dem Konsumenten bei Aldi & Co. nicht nur der kleine Preis gefällt, sondern auch die Klarheit der Konzepte. Längst haben die Discounter eigene Markenprofile aufgebaut. Bei wichtigen Eigenschaften wie Qualität stehen sie den Marken des traditionellen Handels aus Sicht der Kunden in nichts nach. Markenhersteller und traditioneller Einzelhandel müssen dem Konsumenten daher das bieten, was er bei den Discountern nicht findet: Service, Frische, Regionalität und Produkte mit Mehrwert. Dabei haben natürlich auch Produktinnovationen ihre Berechtigung. Doch wo Kundenorientierung durch die Anpassung der Produkte an den Puls der Zeit aufhört und wo ausufernde Komplexität mit explodierenden Kosten anfängt, ist schwer zu sagen.

Internationalisierung erhöht Komplexität. Die Supply Chains werden aber nicht nur durch neue Produkte und Produktvarianten komplexer. Eine weitere Dimension der Komplexität entsteht infolge der zunehmenden Europäisierung der Produktionsstrukturen. Viele Unternehmen konzentrieren ihre Produktion an immer weniger Standorten innerhalb Europas. Ist bisher an den Produktionsstandorten meist nur das Produktprogramm für ein Land produziert worden, so wird nun die Produktion der Produktprogramme mehrerer Länder an den Standorten zusammengeführt; dadurch erhöht sich die Anzahl der herzustellenden Produkte je Standort. Zusätzlich haben einige traditionell national ausgerichtete Unternehmen in den letzten Jahren häufig versucht, dem begrenzten Wachstum in Deutschland durch eine Expansion ins Ausland – insbesondere in Richtung Osten – zu entfliehen. Durch die neuen Produkte, die die Unternehmen für diese Länder herstellen, erhöht sich auch für sie die Produktkomplexität. Ein Lebensmittelhersteller berichtete z.B., dass er nicht nur sein Produktprogramm durch die Expansion im Osten ständig um neue Verpackungsvarianten erweitern, sondern zum Teil auch die Geschmacksvarianten der Produkte anpassen muss.

Dadurch, dass der Handel ebenfalls beginnt, die europäischen Ländergrenzen zu überwinden, beschleunigt sich die oben beschriebene Entwicklung noch zusätzlich. Die international tätigen Händler erhöhen den Druck auf die Hersteller, Produktvarianten für alle Märkte, in denen sie selbst aktiv sind, herzustellen und gleichzeitig die hohe Qualität, die ein bestimmtes Produkt in einem Land aufweist, auch für die anderen Länder zu garantieren – und das häufig noch zu einem einheitlich niedrigen Preis.

Das ganze Geschäftssystem betrachten. Eine wesentliche Ursache der Komplexität ist die Breite des Produktprogramms. Weitere wichtige Komplexitätstreiber finden sich entlang der gesamten Wertschöpfungskette: die Vielzahl der Lieferanten, der Kunden, der Produktionsstandorte und -verfahren, Unterschiede in der Preisgestaltung und -differenzierung sowie die zahlreichen Arten von Promotionaktivitäten. Erfolgreiche Unternehmen managen diese Komplexität bewusst: durch Vermeidung von Komplexität, wo immer dies möglich ist, und durch deren gezieltes Management im Rahmen einer Segmentierungsstrategie, wo dies notwendig ist. Dazu später in diesem Kapitel mehr.

Simplicity wins!

Champions mit weniger Artikeln pro Umsatzmillion. Komplexe Supply Chains mit vielen Produkten und folglich geringem Umsatz pro Produkt sind schwieriger zu managen als einfache Supply Chains. Das hat auch unsere Untersuchung gezeigt: Die Supply Chain Champions erzielen mit nur 1,4 aktiven Artikeln (alle verfügbaren Artikel ohne Displays) 1 Mio. EUR Umsatz – dazu benötigen die Verfolger 2,5 Artikel (Abbildung 5-1).

Abbildung 5-1: UMGANG MIT KOMPLEXITÄT – INDUSTRIE

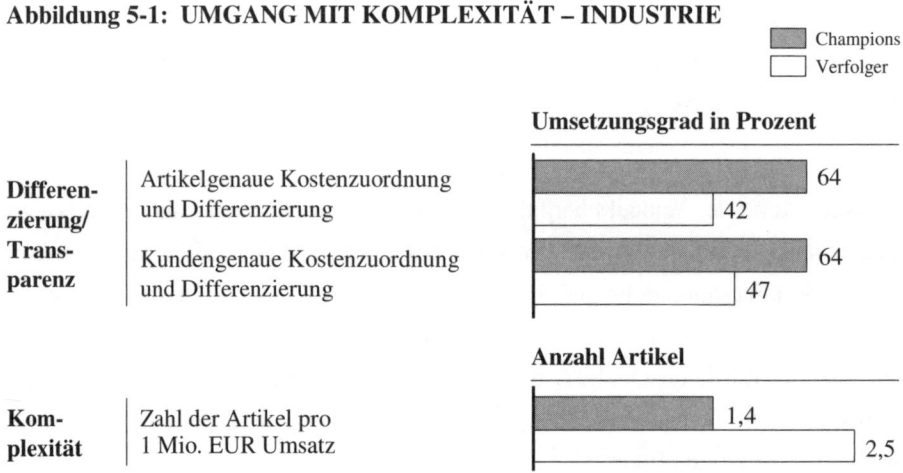

Die Spannbreite der Komplexitätswerte ist immens. Während einige Unternehmen die Umsatzgrenze von 1 Mio. EUR sogar mit weniger als 0,1 Artikeln erreichen, sind für die Unternehmen mit der höchsten Komplexität dazu mehr als 5 Artikel erforderlich. Das heißt umgekehrt, dass der durchschnittliche Umsatz pro Artikel zwischen 200 Tsd. EUR und 10 Mio. EUR liegt.

Produktkategorien nicht allein entscheidend für Komplexität. Ein Teil der Komplexitätsunterschiede lässt sich mit den unterschiedlichen Produktkategorien erklären, die die Unternehmen bedienen. Bei einigen Kategorien, z.B. in der dekorativen Kosmetik (Lippenstifte, Lidschatten usw.), ist eine größere Auswahl notwendig, um überhaupt Käuferinteresse zu wecken; entsprechend verteilt sich der Gesamtumsatz auf mehr Produkte. In anderen Produktkategorien (z.B. Grundnahrungsmittel, Waschmittel) entfällt sehr viel mehr Umsatz auf einige wenige Produkte.

Die verschiedenen Produktkategorien allein rechtfertigen aber hohe Komplexität nicht. Das zeigte auch unsere Studie: Bei Champions und Verfolgern waren alle Produktkategorien gleichermaßen vertreten. Der direkte Vergleich zwischen Champions und Verfolgern mit den jeweils gleichen Produktkategorien zeigt, dass es den Supply Chain Champions gelingt, die Komplexität ihrer Lieferketten zu reduzieren, indem sie auf Produktvarianten verzichten und somit effizienter arbeiten. Die im Vergleich zu den Verfolgern geringere Komplexität bei den Supply Chain Champions ist also auf strategische Entscheidungen und nicht auf die Art der jeweils abgedeckten Produktkategorien zurückzuführen.

Mit hoher Kostentransparenz Komplexität eindämmen. Die Supply Chain Champions unterscheiden sich beim Umgang mit der Komplexität in einem weiteren Punkt von ihren Verfolgern: Sie wissen genau, welche Kosten ihnen durch die Komplexität entstehen und können diese Kosteninformationen in ihre strategischen Entscheidungen einfließen lassen. Supply Chain Champions setzen sowohl die kunden- als auch die artikelgenaue Zuordnung von Kosten zu 64% um. Bei den Verfolgern erreicht der Umsetzungsgrad der kundengenauen Kostenzuordnung hingegen nur 47%, der der artikelgenauen Zuordnung sogar nur 42%. Ohne detaillierte Kostenzuordnung fehlt jedoch die Basis für das Management von Supply-Chain-Komplexität.

Der Kampf gegen die Komplexitätskosten

3 Schritte. Der Kampf gegen die Komplexitätskosten sollte in 3 Schritten geführt werden. Am Anfang steht die Schaffung von Transparenz über die Komplexität und die Kosten, die sie verursacht. Sobald diese Transparenz hergestellt ist, können Unternehmen entsprechend entscheiden und agieren: mit einem vollständigen Verzicht auf Komplexität, wo immer dies möglich ist, und mit dem Management von Komplexität durch Segmentierung und Differenzierung.

1. Schritt: Transparenz schaffen. Welcher Kunde verursacht negative Deckungsbeiträge? Wie viele aktive Produkte gibt es im Unternehmen, und mit welchen davon werden tatsächlich schwarze Zahlen geschrieben? Die Schaffung von Transparenz ist ein erster Schritt, um Komplexität mit einem „Preisschild" zu versehen. So können Entscheidungen – unternehmensintern und -extern gegenüber den Kunden – objektiviert werden und müssen nicht aus dem Bauch heraus getroffen werden.

Kosten differenziert zuordnen. Champions und Verfolger unterscheiden sich ganz wesentlich in der Methodik, die sie bei der Kostenzuordnung anwenden. Wer Kosten über pauschale Zuschläge großflächig nach dem Gießkannenprinzip verteilt, wird auch mit einer kunden- und artikelgenauen Zuordnung keinen wesentlichen Fortschritt erzielen. Der Mehrwert der Kostenzuordnung liegt in der Differenzierung. Dazu 2 Beispiele:

- Wenn ein Kosmetikhersteller Duschgel normalerweise als Palette ausliefert, Parfüm in der Regel aber kartonweise kommissioniert wird, dürfen nicht beide Produkte mit ein und demselben Logistikkostensatz versehen werden: Die Parfums verursachen höhere Kosten, und diese sollten auch sauber zugerechnet werden.

- Ein Süßwarenhersteller fertigt zwei unterschiedliche Schokoriegel auf derselben Anlage in unterschiedlichen Losgrößen: ein Markenprodukt mit großem und eine kundenspezifische Sorte mit kleinerem Volumen. Bei jedem Rüstvorgang entstehen die gleichen Rüstkosten, in der Kostenrechnung werden diese allerdings der Einfachheit halber über einen einheitlichen Kostensatz auf beide Produkte zu gleichen Teilen verteilt. Dabei ist der Rüstkostenanteil für das Produkt mit der kleineren Losgröße eigentlich viel höher als der für das Markenprodukt mit größeren Losgrößen. Eine differenziertere Kostenzurechnung kann hier helfen, einer Fehlsteuerung vorzubeugen.

Komplexitätsverursacher oft nicht profitabel. Die tendenzielle Wirkung einer sauberen, detaillierteren Kostenzuordnung liegt auf der Hand: Kleineren, Komplexität verursachenden Produkten werden höhere Kosten zugeordnet. Die Kosten, die durch die Produktkomplexität entstehen, werden nicht mehr gleichmäßig auf alle Produkte verteilt, sondern sind als Kostenunterschiede zwischen den Produkten klar ersichtlich. Dadurch dürften sich einige der Komplexitätsverursacher als unprofitabel erweisen.

60% aller Promotions vernichten Wert. Promotions für Konsumgüter werden meist für unverzichtbar gehalten. Schaut man genauer hin, sind viele dieser Aktionen wegen des dadurch verursachten zusätzlichen Aufwands in Produktion und Logistik (z.B. vorübergehende Erhöhung der Produktionskapazität, Umrüstung auf größere Verpackung bei Mengenzugaben) jedoch unprofitabel. Das hat eine McKinsey-Studie ergeben, die 5.000 europäische Promotions in der Konsumgüterindustrie analysiert hat. Hier wurden Kosten und Erträge stärker detailliert als bei vielen Unternehmen sonst üblich und dann den Promotions zugeordnet. Ernüchterndes Ergebnis: Zwar bringen 90% der Promotions zusätzlichen Umsatz, aber nur 40% erreichen nach Zurechnung aller Kosten einen positiven Deckungsbeitrag. Oder anders ausgedrückt: 60% aller Promotions vernichten Wert. Auch das Argument, dass Promotions zum Markenaufbau beitragen, ist in vielen Fällen – insbesondere aber bei reinen Preispromotions – nicht stichhaltig. Das Gegenteil trifft oft zu: Viele Marken leiden stark unter häufigen Sonderpreisen und einem regelrechten „Verramschen".

2. Schritt: Auf unprofitable Komplexität verzichten. Wenn die Kosten verursachungsgerecht verteilt sind und dadurch Transparenz über die tatsächlichen Deckungsbeiträge hergestellt ist, lässt sich die Komplexität gezielt verringern.

Auf Produkte und Promotions mit negativem Deckungsbeitrag und ohne eindeutigen strategischen Nutzen kann verzichtet werden. Das senkt die Komplexitätskosten und schafft Mehrwert. Produkte, die als kleine Nischenprodukte hohe Margen erzielen oder eine hohe strategische Bedeutung haben, werden unabhängig von dem damit verbundenen Komplexitätszuwachs beibehalten. Auch Wert stiftende Promotions werden weiter durchgeführt. Es gilt jedoch dann, die Komplexität dieser Produkte oder Promotions in den Griff zu bekommen.

Ohne Tabus diskutieren. Die Reduktion von Komplexität ist in den – zu Recht – stark durch ihre Marketingaktivitäten geprägten Konsumgüterunternehmen oft ein Tabuthema. In einem Unternehmen, in dem die Kundenorientierung einen hohen Stellenwert genießt, besteht allerdings auch die Gefahr, dass Kundenbedürfnisse nur vorgeschoben werden, sobald Produkte aus dem Sortiment gestrichen werden sollen. Um zu vermeiden, dass die Diskussion über die Reduzierung von Produktkomplexität und die eventuelle Einstellung von Produktvarianten zu stark vom unternehmenspolitischen Umfeld geprägt wird, ist es sinnvoll, einen Prozess zu installieren, in dem die Produktvielfalt regelmäßig auf den Prüfstand kommt. Die Supply Chain Champions haben zum Teil einen regelmäßigen Review etabliert, indem sie halb- oder vierteljährlich vor allem ihre C-Produkte und -Varianten nach festen Kriterien beurteilen und prüfen, ob diese in der Angebotspalette verbleiben sollen. Dieser regelmäßige Review enttabuisiert den Verzicht auf die Produktvarianten, die die Komplexität verursachen, und ermöglicht faktenorientierte Analysen und Entscheidungen.

Artikel harmonisieren. Oft ist es hilfreich, mit der Harmonisierung der hausgemachten Produktkomplexität zu beginnen. Müssen wirklich Inhalt und Verpackung für jedes einzelne Land variiert und Produkte infolgedessen in 20 und mehr Varianten produziert und angeboten werden? Kauft der Konsument in Finnland das Duschgel tatsächlich öfter, wenn es einen etwas anderen Duft oder eine hellere Verpackung hat? Könnte er nicht doch mit dem gleichen Duschgel wie der schwedische Konsument zufrieden sein – mit der gleichen mittelblauen Verpackung und dem gleichen mehrsprachigen Aufdruck? Ziel der hausinternen Harmonisierung muss sein, die Produktzusammensetzung und die Verpackung europaweit so einheitlich wie möglich zu gestalten. In vielen Fällen – vor allem in kleineren Märkten – steht der strategische Nutzen des Variantenreichtums in den einzelnen Ländern in keinem Verhältnis zum Aufwand.

An dieser Stelle hören wir schon den Aufschrei des lokalen Marketings. Und der Einwand ist grundsätzlich berechtigt: Natürlich kann die Differenzierung von Produkten oder das flexible Reagieren auf neue Marktbedürfnisse ein wichtiger Wettbewerbsvorteil sein und die kurzfristige Erhöhung der Produktkomplexität voraussetzen. Es gilt aber, den Mittelweg zwischen einer zu starken Standardisierung und einer lokalen Zersplitterung des Produktportfolios zu finden. Um Bauchentscheidungen zu vermeiden, müssen hierfür zumindest die Kosten der Komplexität beziffert werden. Eine stärkere Harmonisierung der Artikel kann dann bei den Produkten ansetzen, bei denen die Kosten nicht zu rechtfertigen sind.

Freiraum schaffen. Die Reduzierung von Komplexität führt nicht zwangsläufig zu einem einseitigen Schrumpfen des Unternehmens. Im Gegenteil: Ein gezieltes, mit allen wichtigen Unternehmensfunktionen abgestimmtes „Abspecken" der wenig rentablen Produktvarianten kann genau den Freiraum schaffen, den das Unternehmen benötigt, um neue Produkte in die Supply Chain aufzunehmen und somit zu wachsen.

3. Schritt: Segmentieren. Die Transparenz über die Kosten der Komplexität ist hergestellt, ein Teil der Komplexität abgebaut worden – nun gilt es, die verbliebene Komplexität intelligent zu managen. Hier heißt das Stichwort Segmentierung. Ausgangspunkt für die Segmentierung ist die Erkenntnis, dass innerhalb einer Supply Chain Produkte, Kunden und Bedarfe mit unterschiedlichen Charakteristika zusammenkommen. Unternehmen können nun 2 Fehler begehen: Sie können erstens allen Kunden das gleiche Standardprogramm anbieten, ohne zu differenzieren. Oder sie können sich zweitens verzetteln und versuchen, es jedem mit einer bis ins Kleinste differenzierten Produktlösung recht zu machen. Segmentierung heißt, den Mittelweg zwischen diesen beiden Extremen einzuschlagen, also auf die Besonderheiten einzelner Kundensegmente und ihrer Bedarfe einzugehen und eine passgenaue Leistungspalette zusammenzustellen – allerdings, wohlgemerkt, ohne dabei die Kostenstrukturen aus den Augen zu verlieren.

Der Effekt: Die Effizienz des Unternehmens steigt, denn es spart Aufwand dort ein, wo dieser nicht benötigt wird, und es bietet bessere Leistungen für die Segmente an, die dieses Angebot mit entsprechend höheren Umsätzen honorieren. Gleichzeitig reduziert sich die Komplexität durch die Schaffung von Segmenten erheblich.

Mehrere Segmentierungskriterien verwenden. Die Verwendung der Kundenstruktur oder der Produkteigenschaften als Grundlage der Segmentierung ist in Marketing und Vertrieb inzwischen weit verbreitet. Nach unserer Erfahrung ist die Segmentierung der Supply Chain aber nicht nur dort sinnvoll, sondern auch in den Planungsprozessen und vor allem bei der Bestands- und Produktionssteuerung. Die Supply Chains effizienter Unternehmen basieren auf einer durchgängigen Segmentierung anhand von Bedarfscharakteristika sowie auf einer intelligenten Differenzierung der gesamten Bereitstellungsprozesse, also vom Kundenservicelevel über das Bedarfs- und Auftragsmanagement sowie das Produktionsmanagement bis hin zur Lagerhaltungspolitik. In den folgenden Absätzen finden Sie Beispiele, wie eine solche Segmentierung aussehen kann und welche Wirkung sie erzielt.

Beispiel Segmentierung anhand der Kundenstruktur. Wenn Marketing und Vertrieb Kundensegmente bilden, verwenden sie in der Regel die Kriterien Kundengröße, Kundenattraktivität oder Vertriebstypen. Bei einer Segmentierung im Rahmen des Supply Chain Management können zusätzlich noch andere, spezifischere Segmentierungskriterien nützlich sein. Ein Hersteller von Babynahrung beispielsweise hat 2 Kundensegmente identifiziert, die sich in ihrer Bedeutung für die Kundenbindung und damit für Folgeumsätze unterscheiden. Der Hersteller hatte erkannt, dass für die Distribution von Babynahrung die Versorgung von Krankenhäusern und Ärzten erfolgskritisch ist, weil hier die Markenbindung der Eltern entsteht. Ist die Entscheidung für eine Marke einmal gefallen, kaufen die Eltern den entsprechenden Nachschub aus dem Supermarkt, ganz nach dem Motto „Was im Krankenhaus im Fläschchen war, kann doch für Babys weitere Entwicklung nur gut sein". Infolgedessen sind die Eltern nach Verlassen des Krankenhaus meist nicht mehr geneigt, die Marke zu wechseln, und werden dadurch zu wesentlich anspruchsloseren Kunden. Der Hersteller von Babynahrung analysiert und managt daher die zwei Segmente „Ärzte/ Krankenhäuser" und „Handel" getrennt voneinander. Als Ergebnis der Segmentierung konnte er den Servicelevel für das kritische Segment der Ärzte und Krankenhäuser wesentlich verbessern. Für das davon getrennt betrachtete, weniger kritische Segment des Handels hat er einen geringeren Sicherheitsbestand eingeplant, so dass der Gesamtbestand deutlich gesunken ist – und damit auch die Lagerkosten.

Beispiel Segmentierung nach Produkten. Ein weiteres Segmentierungsmerkmal sind Produkteigenschaften. In Unternehmen werden organisatorische Einheiten (Sparten) oft anhand von Produktgruppen gebildet; diese Spartenorganisationen managen die einzelnen Produktsegmente dann eigenverantwortlich und völlig getrennt voneinander. Bei Nestlé beispielsweise sind Wasser und Tiernahrung eigenständige Geschäftsfelder, die so die spezifischen Anforderungen an ihre Produkte – getrennt von den übrigen Nahrungsmittelprodukten – berücksichtigen können. Klassisch ist außerdem die Einteilung eines Produktportfolios in A-, B- und C-Produkte – je nach dem Umsatz der betreffenden Artikel (vgl. auch Kapitel 3, Produktion). Die A-Produkte sind die Renner eines Unternehmens, die C-Produkte sind meist Spezialitäten mit geringem Volumen. Produktsegmente sind anhand dieser Kriterien einfach zu identifizieren und bieten einen sinnvollen ersten Anhaltspunkt für eine Segmentierungsstrategie.

Die Planungsprozesse in den Unternehmen können den definierten Produktsegmenten folgen und auf diese Weise ebenfalls segmentiert werden. Ein Unternehmen, das wir im Rahmen unserer Untersuchung interviewt haben, erfasst z.B. die erreichte Planungsgenauigkeit für jede Produktgruppe separat. Aufbauend auf diesen Ergebnissen werden Ziel-Servicelevel vereinbart und Regeln für die Bestandssteuerung definiert. Da die Komplexität durch die Segmentierung bereits begrenzt ist, kann das Unternehmen die Supply Chain sehr fein kalibriert und mit sehr guten Ergebnissen steuern.

Beim Management von Komplexität können auch einfache Faustregeln hilfreich sein. Ein Hersteller von Reinigungsmitteln nimmt z.B. eine Anpassung der Planungsfrequenz für die einzelnen Artikel an deren Produktionsfrequenz vor. Artikel, die einmal monatlich in kleinen Mengen hergestellt werden, werden mit ausreichendem Vorlauf vor dem geplanten Produktionstermin auch nur einmal im Monat besprochen und in der restlichen Zeit nicht weiter beobachtet. Artikel mit wöchentlicher Produktion werden jede Woche detailliert ausgeplant. Auch dadurch ergibt sich eine bessere Allokation der verfügbaren Planungsressourcen.

Beispiel Segmentierung nach Bedarfsmustern. Die Segmentierung anhand weiterer Bedarfscharakteristika ist bisher bei Konsumgüterherstellern noch kaum anzutreffen. Im Supply Chain Management sind aber die unterschiedlichen Kunden oder Produkte oft nicht so entscheidend wie die Besonderheiten bei der Nachfrage. Wenn z.B. die Nachfrage bei Discounter X ebenso wie bei SB-Warenhaus Y oft unerklärliche Schwankungen aufweist, so haben beide aus Supply-Chain-Perspektive mehr miteinander gemeinsam als mit anderen Unternehmen ihres jeweiligen Vertriebstyps, die sich jedoch im Gegensatz zu ihnen durch gut vorhersagbare Nachfragemuster auszeichnen.

Die Segmentierung nach Bedarfen ist z.B. dann sehr sinnvoll, wenn Promotions effizient gemanagt werden sollen. Promotions können die Absatzmengen beträchtlich steigern; in einigen Produktkategorien werden sogar mehr als 50% des Gesamtumsatzes über Aktionen erzielt. Werden die Aktionen nicht richtig vorgeplant und die Mengen falsch prognostiziert, kann dies zu Lieferausfällen und hohen Kosten in der Supply Chain führen. Ein Unternehmen der Waschmittelindustrie, bei dem Aktionen eine große Rolle spielen, stellt die Aktionsmengen einiger weniger entscheidender Kunden daher separat in die Absatzplanung ein. Diese kritischen Mengen werden dann sehr detailliert analysiert und besprochen und entsprechend genauer prognostiziert.

Die vollständige Trennung der Planungsprozesse für Promotions von denen für normale Absätze kann die Planungsqualität deutlich verbessern: Die Aktionsbedarfe können genau geplant und ausgesteuert werden; das übrige Geschäft wird mit weit weniger Aufwand gesteuert. Dabei spart das Unternehmen nicht nur Planungsressourcen, sondern es ergibt sich außerdem auch noch ein interessanter Nebeneffekt für die Ergebnisse der Planung: Wird der Umsatz um die Effekte der größten Aktionen bereinigt, resultiert daraus für die meisten Produkte eine Absatzkurve der Standardbedarfe, die keine nennenswerten Schwankungen aufweist (Abbildung 5-2).

Abbildung 5-2: SEGMENTIERUNG NACH BEDARFSMUSTERN   <u>INDUSTRIE</u>

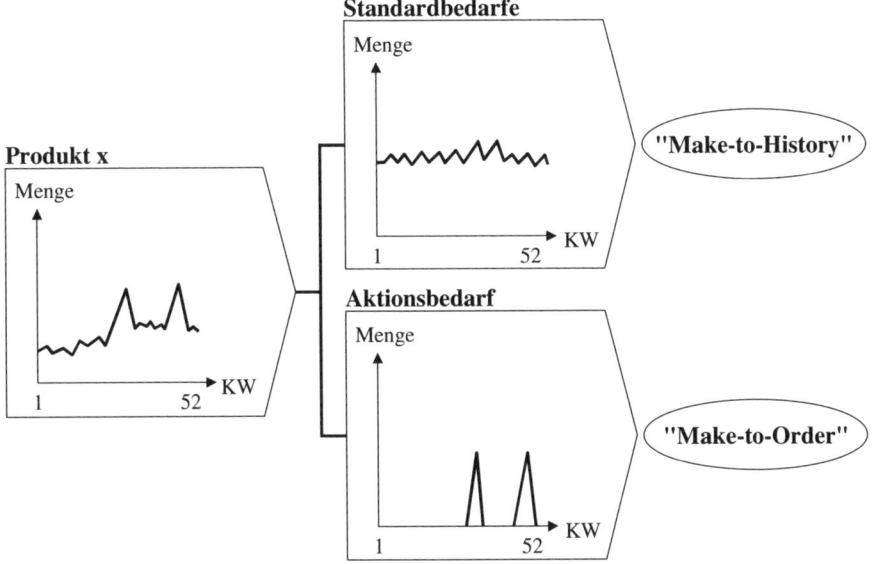

Die flach verlaufenden Standardbedarfe können dann in der Planung auf der Grundlage vergangenheitsorientierter Prognosen gesteuert werden („Make-to-History"). Dadurch ergeben sich für diesen Teil des Volumens stabilere Produktionsrhythmen und gut kontrollierbare, geringere Bestände. Auf die Aktionsbedarfe hingegen muss entlang der Supply Chain völlig anders reagiert werden: Produktionskapazitäten werden hierfür idealerweise vorreserviert, Bestände kurzfristig hochgefahren. Für die Aktionsbedarfe muss im Rahmen einer „Make-to-Order"-Steuerung außerdem eine kurzfristige Flexibilität eingeplant werden.

Der Effekt aus der Aufteilung der Bedarfe in Aktions- und Standardbedarfe kann immens sein: Die Produktion profitiert von einer besseren Planbarkeit und einer höheren Mengenstabilität, die Planung ist insgesamt weniger aufwändig und gleichzeitig können der Servicelevel gesteigert sowie die Bestände verringert werden.

Segmentierungsstrategie im Handel

Ein Vielfaches der Komplexität. Für den Handel ist die Komplexität ein noch viel wichtigeres Thema als für die Industrie. Während ein typischer Konsumgüterhersteller Produktion und Vertrieb von „nur" mehreren hundert Artikeln bewerkstelligen muss, beherbergt der Handel mehrere hundert Produktgruppen mit tausenden von Artikeln. Statt einer Hand voll Produktionsstandorte und Vertriebsteams muss ein Handelsunternehmen einige hundert oder sogar einige tausend regional verstreute Märkte managen.

Auch im Handel benötigen Champions weniger Artikel pro Umsatzmillion. Der Vergleich der Champions mit den Verfolgern im Handel zeigt, dass sich die beiden Gruppen von Unternehmen in puncto Produktkomplexität deutlich unterscheiden: Supply Chain Champions führen weniger Produkte (durchschnittlich 13 pro 1 Mio. EUR Umsatz) als die Verfolger (durchschnittlich 24 Produkte pro 1 Mio. EUR Umsatz) (Abbildung 5-3).

Wie bei den Konsumgüterproduzenten stellt sich auch hier die Frage: Wie viel Komplexität ist auf Grund der Rahmenbedingungen und des Geschäftstyps unvermeidbar, und wie viel Komplexität ist auf (Fehl-)Entscheidungen des Managements zurückzuführen? Wenig komplexe Vertriebssysteme – das ist hier nicht

Abbildung 5-3: UMGANG MIT KOMPLEXITÄT – HANDEL

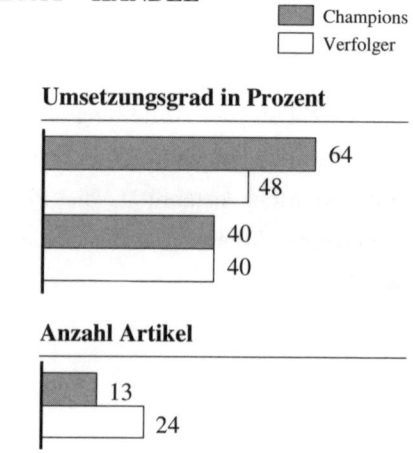

anders als in der Industrie – sind leichter zu managen als komplexere Systeme und können daher mit weniger Aufwand eine gute Leistung erzielen. So ist z.B. die Steuerung in einem Drogeriemarkt naturgemäß weniger komplex als in einem SB-Warenhaus. Doch unsere Untersuchung hat auch innerhalb der einzelnen Geschäftssysteme und Vertriebstypen erhebliche Unterschiede bei der Komplexität zu Tage gefördert: Die Supply Chains von Champions sind durchweg weniger komplex als die vergleichbarer Verfolger.

Transparenz herstellen, insbesondere bei Aktionen. Die Handlungsanweisung für den Umgang mit Komplexität lautet hier ebenso wie bei der Industrie: Zunächst Transparenz schaffen und die Kosten detailliert den Artikeln zuordnen. Die Champions unterscheiden sich hier insbesondere darin von den Verfolgern, dass sie separate Deckungsbeiträge für Aktionen berechnen. Der Umsetzungsgrad bei dieser differenzierten Deckungsbeitragsrechnung für Promotions inklusive aller relevanten Kosten liegt bei den Champions bei 64%, bei den Verfolgern jedoch nur bei 48%. Bei der differenzierten Kostenzurechnung für das übrige Sortiment hingegen unterscheiden sich Champions und Verfolger nicht – beide erreichen einen Umsetzungsgrad von 40%. Ist die notwendige Transparenz hergestellt, heißt die Devise hier wie in der Industrie: Verzicht auf Komplexität und Management der unvermeidlichen Komplexität, insbesondere durch Segmentierung.

Metro: MGL-Konzept gegen Komplexität. Ein Beispiel für einen weit reichenden Segmentierungsansatz in den Logistikstrukturen des Handels ist das MGL-Konzept (MGL = Metro Gruppen Logistik) der Metro AG. Mit der MGL Logistik GmbH hat die Metro AG die Systemführerschaft in der Logistik zwischen Konsumgüterindustrie und Einzelhandel übernommen. Grundlage des MGL-Konzepts ist die Bündelung von Transporten und die durchgehende Umsetzung einer Pull-Logik: Die Querschnittsgesellschaft MGL übernimmt die Regie für die Logistikprozesse und lässt die Waren von selbst ausgewählten Dienstleistern beim Hersteller abholen. Ziel ist, durch eine weitgehende Bündelung der Transporte sowohl die Filialprozesse zu entlasten als auch die Gesamtkosten des Systems möglichst gering zu halten. Das Konzept ist in vielerlei Hinsicht innovativ und hat althergebrachte Strukturen und Prozesse neu geordnet.

Dabei muss das System der Metro AG eine hohe Komplexität bewältigen: Allein in Deutschland erzielen die über 1.700 Groß- und Einzelhandelsfilialen der Metro AG 27 Mrd. EUR Umsatz. Die Metro hat 8.000 Lieferanten und mehr als 1 Mio. Artikel im Programm. Dabei bestehen erhebliche Unterschiede zwischen den Vertriebstypen, den Filialgrößen, der Lage der Filialen, den Produkt-eigenschaften etc. Das MGL-Konzept wird dieser Komplexität jedoch durch eine weitgehende Segmentierung und flexible logistische Strukturen gerecht.

Segmentierung des Warenflusses bei Metro. Je nach Bedarf der Filialen und Liefervolumen der einzelnen Lieferanten ergeben sich unterschiedliche Waren-flüsse (Abbildung 5-4): Die Ware von Lieferanten mit großem täglichen Sen-dungsaufkommen wird direkt in die Verteilerknoten (Cross-Docking-Terminals) der Zielgebiete gebracht; von dort wird die Ware dann an die Filialen verteilt. Großflächige Filialen erhalten ihre Waren direkt von den Cross-Docking-Termi-nals der Quellgebiete mit ausreichender Lieferantendichte. Alle anderen Lieferun-gen werden in einem zweifach gebrochenen Transport über ein Cross-Docking-Terminal in den Quellgebieten und ein weiteres Terminal im Zielgebiet verteilt

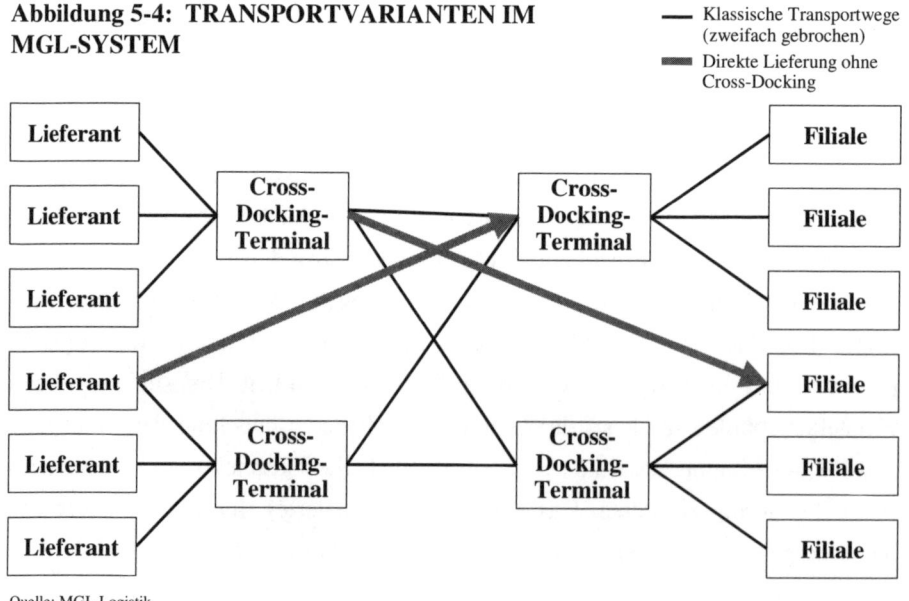

Abbildung 5-4: TRANSPORTVARIANTEN IM MGL-SYSTEM

—— Klassische Transportwege (zweifach gebrochen)
▬▬ Direkte Lieferung ohne Cross-Docking

Quelle: MGL Logistik

(klassischer Stückgutverkehr). Filialen und Lieferanten werden nach ihren logistischen Anforderungen segmentiert und die Transportwege (direkt oder über Verteilerknoten) entsprechend zugeordnet.

Flexible Strukturen. Das MGL-System verfügt im Gegensatz zu den meisten Logistiksystemen des Handels über keine eigene Infrastruktur, sondern verwendet durchgängig Dienstleister. Dadurch kann es extrem flexibel agieren und die je nach Volumen der Filialen und Lieferanten jeweils sinnvollsten Transportwege nutzen. Die meisten herkömmlichen Systeme nutzen dagegen statische Transportwege, die nicht an die Größe der Abnehmer oder das Liefervolumen angepasst werden können.

6. Supply-Chain-Planung – methodische und organisatorische Herausforderung

Die Supply-Chain-Planung leitet – ausgehend vom Kundenbedarf – Mengen- und Zeitvorgaben für die einzelnen Prozessschritte der Supply Chain ab. Ziel der Supply-Chain-Planung ist es, den angestrebten Servicelevel bei minimalen Kosten zu erreichen. Beim „echten" Supply Chain Management wird dabei über die eigenen Unternehmensgrenzen hinaus auf der Bedarfsseite die Kundenplanung integriert, auf der Rohstoff- und Verpackungsmaterialseite werden Lieferanten in einen ganzheitlichen Planungs- und Optimierungsprozess eingebunden.

Supply-Chain-Planung ist einerseits eine Datenverwaltungs- und Rechenaufgabe und wird entsprechend oft von IT-Erfordernissen dominiert. Exzellente Supply-Chain-Planung heißt andererseits aber auch, die organisatorischen, „weichen" Faktoren des Planungsprozesses zu berücksichtigen. Der folgende Abschnitt zeigt auf, wie der Spagat zwischen mathematischer Optimierung und organisatorischen Realitäten zu schaffen ist.

Der Teufelskreis der Supply-Chain-Planung

In mehreren Schritten zum Ziel. Die Planung der Supply Chain umfasst mehrere Schritte. Die zentralen Planungsschritte, die wir in diesem Kapitel näher beschreiben, sind die Absatzplanung, die sich mit der Prognose zukünftiger Verkäufe beschäftigt, und die Nachschubplanung, die Bestandsmanagement sowie Produktions- und Distributionsplanung umfasst. Die verschiedenen Planungsschritte sind in den meisten Unternehmen auf unterschiedliche Organisationseinheiten verteilt. Wie viel Planungsarbeit die einzelnen Einheiten zu leisten haben, hängt vor allem von der in Kapitel 4 „Organisation" diskutierten Organisationsform ab.

Zusammenspiel der Planungsschritte ist kritisch. Jeder Planungsschritt baut auf den Ergebnissen der vorgelagerten Planungsschritte auf. Fällt nur ein Element in dieser Kette in seiner Plan- bzw. Planerfüllungsqualität zurück, kann das eine Spirale mit negativen Effekten in Gang setzen, die nur mühsam abgestellt werden können. Planung zu optimieren bedeutet, alle Planungsschritte auf eine fundierte methodische Grundlage zu stellen und organisatorische Besonderheiten, wie z.B. die Kommunikation zwischen den beteiligten Organisationseinheiten sowie Ziel- und Anreizsysteme, zu berücksichtigen bzw. diese organisatorischen Elemente an die Planungsprozesse anzupassen, damit der Teufelskreis schlechter Planung erst gar nicht entsteht. Das Zusammenspiel von methodischen und organisatorischen Faktoren wird besonders deutlich, wenn man drei typische Problemfelder der Planung näher analysiert (Abbildung 6-1).

Teufelskreis mit 3 Problemfeldern. Ausgangspunkt für Probleme in der Supply-Chain-Planung sind oft Absatzpläne, die erhebliche Prognosefehler enthalten. Verstärkt durch intern erzeugte – d.h. „hausgemachte" – Bedarfsschwankungen werden Produkte in Mengen produziert, die nicht mit dem tatsächlichen Bedarf

Abbildung 6-1: DER TEUFELSKREIS DER SUPPLY-CHAIN-PLANUNG

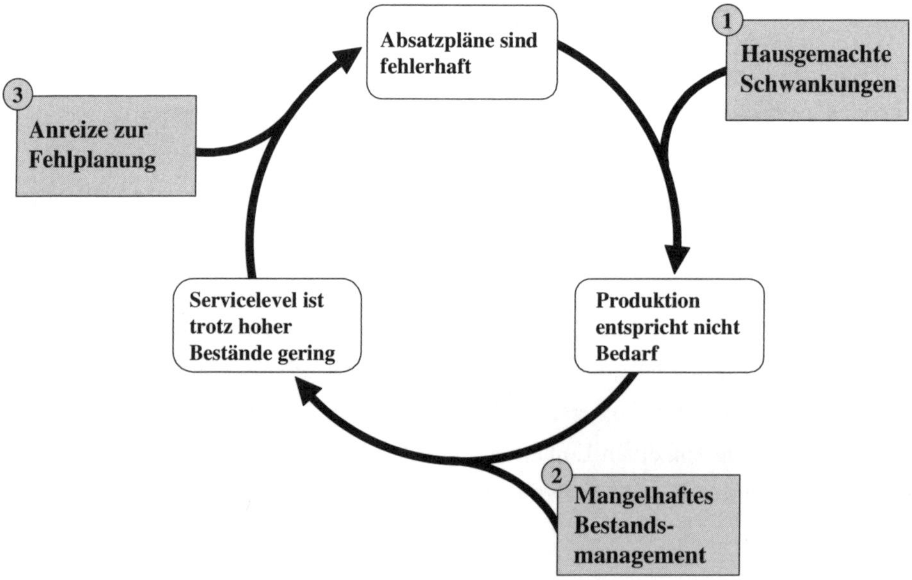

übereinstimmen (1. Problemfeld). Wenn das passiert und das Bestandsmanagement keine methodisch fundierten Sicherheitsbestände für die einzelnen Artikel vorgibt, ist meist alles auf Lager – nur nicht die Artikel, die gerade nachgefragt werden (2. Problemfeld). Daraufhin verliert der Vertrieb das Vertrauen in Planung und Produktion und plant in der nächsten Periode sicherheitshalber eine höhere Absatzmenge ein (3. Problemfeld). Dadurch vergrößert sich der Fehler in der Absatzplanung, so dass keine solide Basis mehr für die Planungsprozesse existiert. Der Teufelskreis ist geschlossen; ein Entkommen ist dann nur noch durch die konsequente Anwendung von Best-Practice-Methoden möglich.

1. Problemfeld: hausgemachte Schwankungen. Der entlang der Supply Chain kommunizierte Bedarf schwankt oft viel stärker als der tatsächliche Bedarf des Endkonsumenten. Dabei schaukeln sich die Bedarfsschwankungen entlang der Supply Chain von einem Element der Lieferkette zum nächsten immer weiter hoch – vom Konsumenten über Regional- und Zentrallager bis zu Produktion und Lieferanten. Auf diese Weise kommen auch vollkommen stabile Endkundenbedarfe bei der Produktion mit starken Bedarfsschwankungen an (Abbildung 6-2). Dieses Phänomen wird auch als „Peitscheneffekt" („Bullwhip"-Effekt) bezeichnet.

Abbildung 6-2: VERGRÖSSERUNG VON BEDARFSSCHWANKUNGEN ENTLANG DER SUPPLY CHAIN

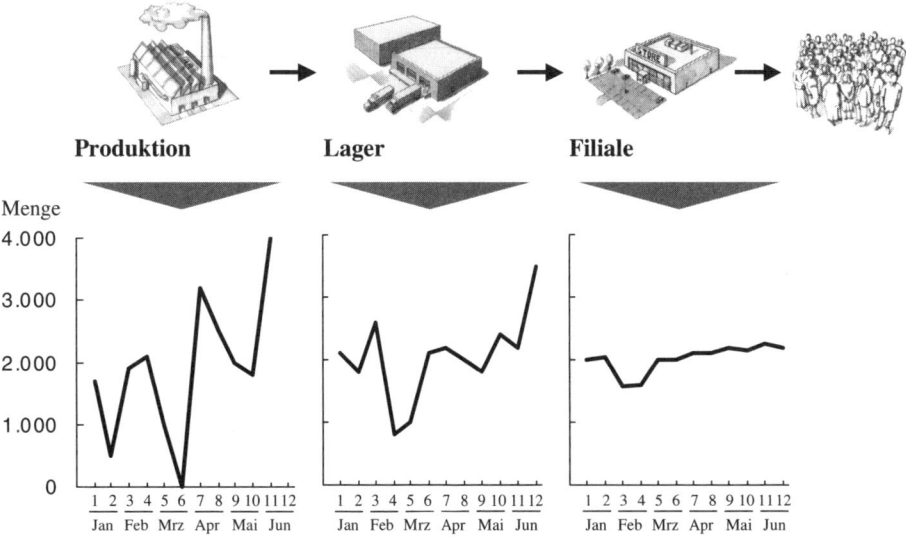

Problem periodische Schwankungen. Die Ursachen des „Bullwhip"-Effekts sind hausgemacht. Insbesondere Jahres-, Halbjahres- oder Quartalsziele im Vertrieb – aber auch Zahlungskonditionen – können starke Bedarfsschwankungen verursachen, da sich die Aktivitäten für die Zielerfüllung zu bestimmten Zeitpunkten konzentrieren. Auch verkaufsfördernde Aktivitäten, die an bestimmte Bestellvolumina oder Losgrößen gekoppelt sind, stellen eine wichtige interne Quelle für Bedarfsschwankungen dar: Wenn sich die Bestellmengen entlang der Supply Chain vom Handel bis zum Lieferanten von Rohmaterial vergrößern, weil jedes Element in der Lieferkette Volumeneffekte nutzen will, vergößern sich automatisch proportional dazu die Schwankungen.

Problem Reichweitensteuerung. Schließlich erhöht auch die Bestandssteuerung mit Reichweitenzielen die Bedarfsschwankungen: Steigt der Absatz, muss die Produktion nicht nur die zusätzliche Absatzmenge liefern, sondern auch – proportional dazu – zusätzlichen Nachschub, um den Bestand zu erhöhen. Denn der Bestand muss zwangsläufig steigen, wenn das Reichweitenziel bei erhöhtem Bedarf erreicht werden soll. Fällt der Bedarf, funktioniert der Mechanismus ebenfalls, nur in umgekehrter Richtung: Die Produktion muss nicht nur entsprechend dem Bedarfsrückgang weniger produzieren, die Produktionsmenge wird zusätzlich noch um den Bedarf reduziert, der den Abbau des Bestands deckt.

2. Problemfeld: mangelhaftes Bestandsmanagement. Bedarfs- und Nachschubunsicherheiten sind selbst bei besten Planungsprozessen unvermeidbar. Um diese Unsicherheiten zu bewältigen, sind Sicherheitsbestände notwendig. Ist der Bedarf während der Lieferzeit höher als geplant, muss er vom Sicherheitsbestand gedeckt werden. Wurde zu wenig Sicherheitsbestand eingeplant, kommt es je nach Kundensituation zu verspäteten Lieferungen oder Umsatzverlust (Abbildung 6-3).

Problem Faustregeln statt Methodik. Bei der Bestimmung von Sicherheitsbeständen treten eine Reihe typischer Mängel auf: Im schlimmsten Fall werden Sicherheitsbestände gar nicht explizit bestimmt, sondern Bedarfsunsicherheiten durch pauschale Zuschläge bei der Absatzplanung bewältigt – ein sehr intransparentes Vorgehen. Heute ermitteln die meisten Unternehmen der Konsumgüterindustrie Sicherheitsbestände, viele tun dies aber nach Faustregeln oder auf Basis von Erfah-

Abbildung 6-3: SICHERHEITSBESTAND

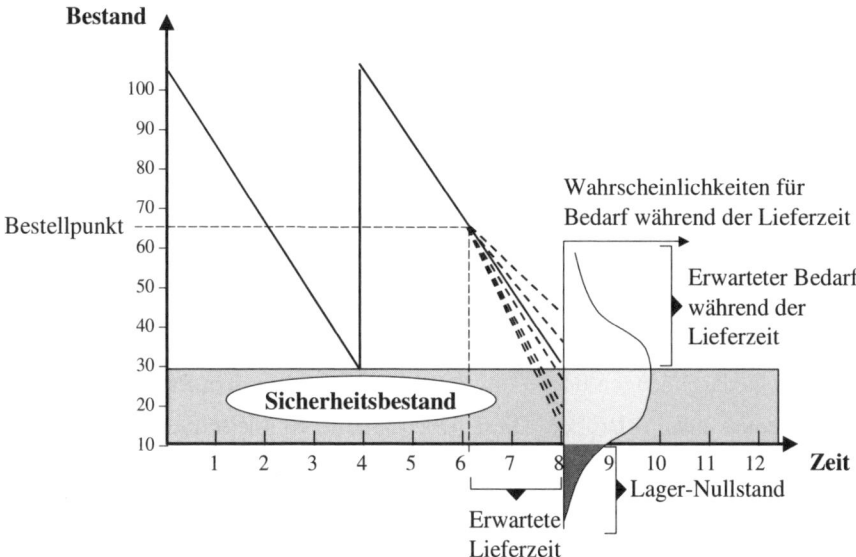

rungswerten. Auch dieses Vorgehen ist unzulänglich. Die meisten Unternehmen definieren Sicherheitsbestände als Lagerreichweiten, die damit linear vom umgesetzten Volumen abhängen und sich nicht – was richtig wäre – von der Prognosesicherheit ableiten. Werden Sicherheitsbestände analytisch ermittelt, werden häufig zu stark vereinfachende Formeln verwendet, die beispielsweise den Einfluss der Bestellmenge nicht berücksichtigen.

Problem mangelnde Aktualität der Daten. Nicht zuletzt mangelt es oft an der Aktualität der Parameter, die in die Berechnung eingehen. Bei einem Konsumgüterhersteller haben wir im Materialwirtschaftssystem Lieferzeiten vorgefunden, die seit der Einführung des Systems nicht mehr aktualisiert worden waren. Alle diese Praktiken führen zu überhöhten Beständen und schlechten Servicelevels.

3. Problemfeld: Anreize zur Fehlplanung. Schlechte Servicelevels durch nicht optimal bestimmte Sicherheitsbestände führen zum nächsten Problemfeld: Der Vertrieb verliert das Vertrauen in die vorgelagerte Planung und reagiert darauf mit „zur Sicherheit" erhöhten Planzahlen. Diese sind jedoch als Ausgangspunkt für die Nachschubplanung nicht zu gebrauchen.

Untersucht man Absatzpläne auf ihre Prognosegenauigkeit hin, stellt man oft fest, dass sie systematische Prognosefehler enthalten. Wichtig ist, zwischen dem normalerweise verwendeten absoluten Prognosefehler (als Maßzahl für die Schwankung der Prognosewerte um den tatsächlichen Wert) und dem einfachen Prognosefehler (als Maßzahl für systematische Prognosefehler in eine Richtung) zu unterscheiden. In Abbildung 6-4 wird dies anhand von zwei Beispielen deutlich: In beiden Fällen ist der absolute Prognosefehler mit 14 bzw. 19% ungefähr gleich hoch. Im ersten Beispiel weicht die Prognose jedoch sowohl nach oben als auch nach unten vom tatsächlichen Bedarf ab – ein Zeichen für eine saubere Absatzplanung. Das zweite Beispiel zeigt eine kontinuierliche Überplanung; die tatsächlichen Bedarfsmengen liegen fast kontinuierlich unter dem Planwert, und nur in zwei Monaten knapp darüber. Diese Überplanung ist meist nicht zufällig und damit unbeeinflussbar, sondern hat organisatorische Ursachen.

Überplanung wegen Unsicherheit. Zum einen kann die Überplanung der operativen Bewältigung von Planungsunsicherheit dienen. Sie ist damit eine Art zusätzlicher Sicherheitsbestand des Vertriebs. Das fehlende Vertrauen des Vertriebs in Planung und Produktion wird bei chronischer Unterversorgung noch verstärkt. Werden

Abbildung 6-4: SYSTEMATISCHER PROGNOSEFEHLER

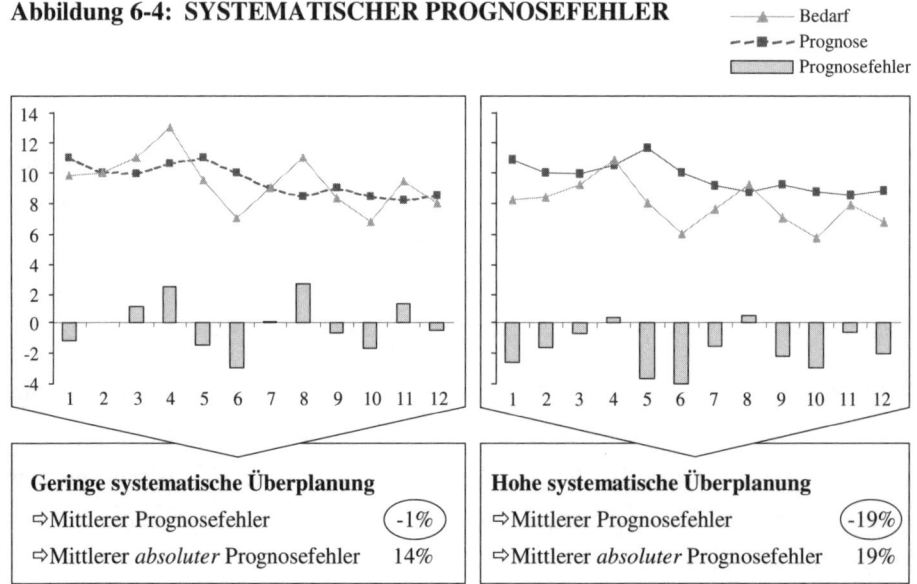

knappe Produkte proportional zum geplanten Bedarf auf verschiedene Vertriebsorganisationen (z.B. Länder, Regionen, Absatzkanäle) verteilt, versuchen diese
Organisationen, sich die Versorgung durch möglichst hohe Planzahlen zu sichern.

Fehlerquelle Vertriebsziele. Eine weitere systematische Fehlerquelle können
Vertriebsziele und -budgets sein. Die unreflektierte Fortschreibung optimistischer
Vertriebsziele führt zu systematischer Überplanung. Umgekehrt können Zielsysteme
des Vertriebs auch zu einer systematischen Unterplanung führen, wenn an die
Ziel(über)erfüllung finanzielle Anreize gekoppelt sind. Auf diese Weise wird der
Vertrieb nämlich dazu motiviert, möglichst niedrige Planzahlen zu kommunizieren,
um eine möglichst günstige Ausgangsbasis für Bonuszahlungen zu erhalten.

Konsequenz: mangelnde Aussagekraft. Durch konsequente Über- oder Unterplanung wird der Prognose jegliche Aussagekraft genommen, da unklar bleibt, mit
welchem Absatz denn nun wirklich zu rechnen ist. Das Problem verschärft sich noch
beim Durchlaufen der Planung durch verschiedene Organisationseinheiten wie
Vertrieb, zentrale Planung und Produktionsplanung: Intransparente Zuschläge zur
Bedarfsprognose werden dann von der nachfolgenden Stelle wieder „schätzungs-
weise" abgezogen. Oftmals werden Nachschubpläne bis in die Produktionsplanung
hinein korrigiert, weil der Vertrieb nach vorherrschender Meinung „ohnehin immer
mehr plant als er dann tatsächlich absetzt".

Planen wie die Champions

Unsere empirischen Ergebnisse stützen die Vermutung, dass gute Planung einer der
Erfolgsfaktoren im Supply Chain Management ist: Supply Chain Champions
schätzen ihre eigene Planung nicht nur positiver ein als ihre Mitbewerber, sondern
liegen auch beim objektiven Beurteilungskriterium Absatzplanungsgenauigkeit vor
den Verfolgern, wenn auch mit relativ geringem Abstand (Abbildung 6-5).

Höhere Selbsteinschätzung bei Champions. Auf einer Skala von 0 (mangelhafte
Planungsqualität) bis 100 (sehr gute Planungsqualität) bewerten Champions ihre
eigene Planungsqualität mit einem Wert von 63; die Verfolger kommen hier nur auf

Abbildung 6-5: STATUS DER SUPPLY-CHAIN-PLANUNG IN DER INDUSTRIE

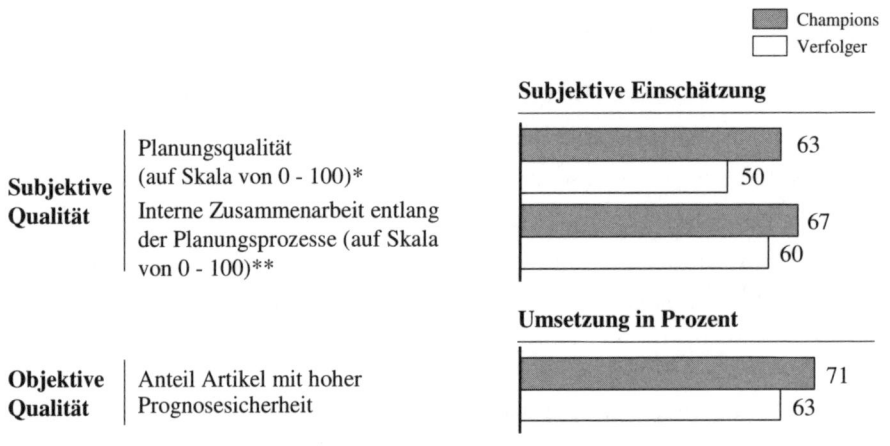

* 0 = mangelhafte Planungsqualität, 100 = sehr gute Planungsqualität
** 0 = mangelhafte interne Zusammenarbeit, 100 = sehr gute interne Zusammenarbeit

einen Wert von 50. Eine der Ursachen hierfür scheint die Zusammenarbeit entlang des Planungsprozesses zu sein. Champions bewerten die interne Zusammenarbeit in ihrem Unternehmen mit einem Wert von 67 auf der Skala von 0 (mangelhafte interne Zusammenarbeit) bis 100 (sehr gute interne Zusammenarbeit) – im Gegensatz zu 60 bei den Verfolgern.

Champions liegen auch objektiv vorne. Der Vorsprung der Champions bei der subjektiven Einschätzung ihrer Planung wiederholt sich beim Vergleich der objektiven Kriterien. Für durchschnittlich 71% ihrer Artikel erreichen die Champions eine gute Absatzprognosegenauigkeit (± 20% für den wöchentlichen Bedarf mit einem Monat Vorlauf). Die Verfolger können nur für durchschnittlich 63% der Artikel den Absatz so genau einschätzen.

Geringe Prognosefehler. Bei den Supply Chain Champions liegt der mittlere Prognosefehler der Absatzplanung, d.h. die Maßzahl für systematische Prognosefehler in eine Richtung, bei ca. 3%. Im Idealfall sind es selbst bei Vorliegen hoher, aber zufälliger Prognosefehler 0%, da positive und negative Fehler einander bei der Durchschnittsbildung aufheben. Die mittlere **absolute** Planabweichung bewegt sich bei den Champions je nach Planungshorizont und Feinheit der Planung zwischen 10 und 20%. Sie beschreibt die Schwankung der Prognosewerte um den tatsächlichen Wert, ohne dass positive und negative Abweichungen einander aufheben könnten. Tabelle 6-1 zeigt einige Best-Practice-Werte für die mittlere absolute Planabweichung aus der Konsumgüterindustrie.

Tabelle 6-1: Best-Practice-Prognosefehler

Gegenstand der Planung	Planungshorizont	Feinheit der Planung	Best-Practice-Prognosefehler* „Mittlere absolute Abweichung"
Produktgruppe	1 Monat	1 Monat	10%
		3 Monate	20%
Artikelnummer	1 bis 2 Monate	1 Woche	20%
	1 Woche	1 Woche	15%

* Mittlerer Absolutwert der Differenz zwischen Ist-Bedarf und Plan-Bedarf als Prozentsatz des Ist-Bedarfs

Quelle: McKinsey Consumer Goods Benchmark Database

Verbesserung der Planung:
das Übel an der Wurzel packen

Um die Qualität der Planung zu verbessern, müssen sowohl methodische als auch organisatorische Maßnahmen getroffen werden. Wenn die Verbesserungen nachhaltig wirksam sein sollen, sind insbesondere die strukturellen Ursachen für Fehlerquellen in der Planung anzugehen. Analog zu den oben beschriebenen 3 Problemfeldern stehen dabei 3 Lösungsansätze im Vordergrund.

Lösungsansatz 1: Bedarfsschwankungen minimieren. Aus Supply-Chain-Sicht bestünde der optimale Ansatz zur Minimierung von Bedarfsschwankungen in einem weitgehenden Verzicht auf Promotions im Sinne eines „everyday low pricing". Ob eine solch drastische Maßnahme angemessen ist, muss aber im Einzelfall und im Zusammenhang mit der Gesamtunternehmens- und Marketingstrategie entschieden werden. Wichtig ist jedoch für jedes Unternehmen, sich das Zusammenspiel von Promotion-Aktivitäten und Bedarfsschwankungen bewusst zu machen und alle Promotion-Aktivitäten kritisch und methodisch fundiert hinsichtlich ihres Einflusses auf Gesamtergebnis und Absatz zu prüfen. Promotions, die letztlich nur in eine zeitliche Verschiebung von Bedarfen münden und damit ausschließlich zu für die Supply Chain ungünstigen Bedarfsschwankungen führen, müssen weitestgehend vermieden werden. Über die Promotion-Aktivitäten hinaus kann jedes Unternehmen überprüfen, inwiefern seine Vertriebsziele und Lieferkonditionen Bedarfsschwankungen fördern und diese internen Festlegungen gegebenenfalls modifizieren.

Tatsächlichen Bedarf transparent machen. Immer dann, wenn Hersteller wissen, dass das Dispositionsverhalten des Handels, der einzelnen Lagerstufen oder der eigenen Vertriebsorganisationen den tatsächlichen Endkonsumentenbedarf verzerrt, sollten sie integrierte, auch über Unternehmensgrenzen hinausgehende IT-Systeme einsetzen, um die tatsächlichen Bedarfe transparent zu machen. Auf diese Weise können sie Marktreaktionen auf Produkteinführungen oder Promotions realitätsnah – ohne Verzerrung durch die Supply-Chain-Prozesse – erfassen. Das Gleiche gilt überall dort, wo stabiler Kundenbedarf durch Anreizsysteme oder durch spekulatives Kaufverhalten zur „Klumpung" von Bestellungen führt.

Schwankungen durch häufigere Lieferungen aushebeln. Andere Ursachen des Bullwhip-Effekts können ebenso erfolgreich angegangen werden. Durch die kontinuierliche Herstellung bzw. Lieferung der täglich abverkauften Menge, etwa durch Produktion und Lieferung von Sandwichpaletten oder gemischten Paletten durch den Hersteller, und die hochfrequente, z.B. tägliche, Anlieferung an die Filialen durch die Handelsunternehmen lassen sich Schwankungen wesentlich reduzieren.

Reichweitenziele ersetzen durch Bestandsziele. Reichweitenziele für den Bestand können – vor allem für den Sicherheitsbestand – zu Gunsten fester, vom Bedarf weitgehend unabhängiger Bestandsziele aufgegeben werden. Bei optimaler Ermittlung von Sicherheitsbeständen, wie in Lösungsansatz 2 beschrieben, reagieren Reichweitenziele in der Regel weniger sensibel auf Veränderungen des Bedarfs. Die durch das Bestandsmanagement erzeugten Bedarfsschwankungen verringern sich entsprechend.

Lösungsansatz 2: Sicherheitsbestände richtig berechnen. Der Sicherheitsbestand, der für die Erreichung eines erwünschten Servicelevels notwendig ist, muss für jeden Einzelartikel abhängig von seinem Bedarfsmuster individuell und – angesichts der großen Anzahl von Artikeln – automatisch berechnet werden. Der Rückgriff auf pauschale Sicherheitsbestände ist ein Relikt aus Zeiten limitierter Rechnerkapazität und heute nicht mehr notwendig. In die Berechnung des Sicherheitsbestands müssen die folgenden Größen einfließen: Ziel-Servicelevel, Absatzprognosefehler, Zuverlässigkeit der Produktion, die erwartete Wiederbeschaffungszeit und die durchschnittliche Produktionsmenge. Insbesondere der letzte Faktor wird häufig vernachlässigt: Große Nachschubmengen bedingen einen geringeren Sicherheitsbestand als kleine Nachschubmengen. Der Grund dafür ist, dass die Gefahr eines Lagernullstands nur am Ende eines Nachschubzyklus besteht. Bei kleineren Nachschubmengen erhöht sich diese Gefahr auf Grund der häufigeren Zyklen, so dass die Sicherheitsbestände höher ausfallen.

„Absatzprognosefehler" neu definieren. Anstelle der Größe „Absatzprognosefehler" wird häufig die Schwankung des Absatzes – genauer: dessen Standardabweichung – als Indikator für Unsicherheit verwendet. Starke Schwankungen müssen jedoch nicht zu höherem Sicherheitsbestand führen, wenn sie gut vorhersagbar sind. Daher ist richtigerweise die Vorhersagbarkeit und nicht die Schwankung in die Berechnung des Sicherheitsbestands einzubeziehen. Bei stabilem Bedarf unterscheiden sich die Ergebnisse aus den beiden Berechnungen kaum; bei fluktuierendem, aber trotzdem gut vorhersagbarem Bedarf können sie jedoch beträchtlich sein. Dies ist z.B. dann der Fall, wenn der Bedarf saisonal schwankt und gleichzeitig leistungsfähige Prognoseverfahren eingesetzt werden (Abbildung 6-6).

„Zuverlässigkeit der Produktion" einbeziehen. Die Einflussgröße Zuverlässigkeit der Produktion beschreibt die Streuung des Mittelwerts der Wiederbeschaffungszeit

Abbildung 6-6: PROGNOSEFEHLER ALS EINGANGSGRÖSSE FÜR DIE BERECHNUNG DES SICHERHEITSBESTANDS

BEISPIEL: SÜSSWAREN

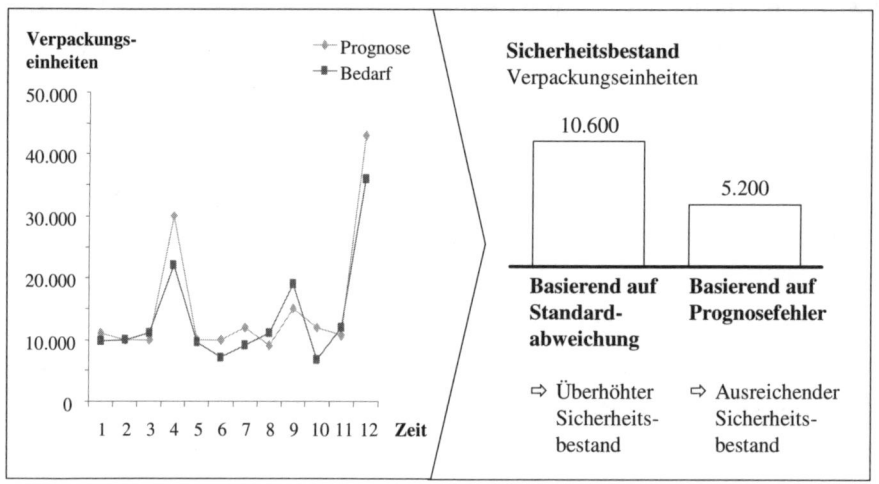

sowie die Mengenerfüllung der Produktion. Wenn die Produktion nur sehr unzuverlässig und mit stark schwankenden Vorlaufzeiten liefert, kann die Planung sich nicht auf die Erfüllung der Mengen verlassen und muss zusätzliche Sicherheitspuffer einplanen. Daher ist die Erhöhung der Produktionsflexibilität und der Zuverlässigkeit der Produktion ebenfalls eine Möglichkeit, den Sicherheitsbestand zu reduzieren.

Daten pflegen – Verantwortungen zuordnen. Eine letzte wichtige Bedingung für die Bestimmung der richtigen Sicherheitsbestände ist die Pflege der Daten; am sichersten ist es, wenn die Daten in einem entsprechenden IT-System automatisch gepflegt werden. Denn auch die beste Formel führt zu falschen Sicherheitsbeständen, wenn ihr nicht richtige und aktuelle Zahlenwerte zu Grunde liegen. Die Sicherheitsbestände sollten daher regelmäßig – je nach Bestellvolumen monatlich oder quartalsweise – bestimmt werden. Eine zusätzliche Voraussetzung für die praktische Umsetzung von Bestandsvorgaben ist eine klar definierte und möglichst an einer Stelle gebündelte organisatorische Verantwortlichkeit für alle Bestände.

Lösungsansatz 3: Systematische Prognosefehler minimieren. Ein wichtiger Baustein in jedem Supply-Chain-Planungssystem ist eine stabile Absatzplanung mit hoher Prognosegenauigkeit. Hohe Prognosegenauigkeit heißt, dass die systematischen Über- oder Unterplanungen gering sind, die mittlere Planabweichung also nahe null liegt, da sich positive und negative Planabweichungen bei der Mittelwertbildung aufheben. Eine solche Absatzplanung liefert verlässliche Daten für die mit der größten Wahrscheinlichkeit zu erwartende Absatzmenge.

Trick 3-Punkt-Prognosen. Systematische Verzerrungen sind am ehesten zu vermeiden, wenn Vertriebszielsetzung und operative Planung klar voneinander abgegrenzt werden. Eine elegante Möglichkeit, um die Spannungen zwischen operativer Planung und Vertriebszielen zu lösen, sind 2- und 3-Punkt-Prognosen. Dabei wird nicht nur der mit der größten Wahrscheinlichkeit zu erwartende Bedarf geplant, sondern auch der im besten Fall eintretende bzw. zusätzlich der im schlechtesten Fall eintretende Bedarf, jeweils mit einer durchaus subjektiven Wahrscheinlichkeit versehen. Aus dieser Information lassen sich dann optimale Bevorratungs- oder Produktionsstrategien ableiten. Dieses aufwändige Vorgehen lohnt sich jedoch nur bei besonders umsatzstarken, profitablen oder strategisch wichtigen Produkten, bei denen das Bestandsrisiko hoch oder der Bedarf schwer vorhersagbar ist, also etwa bei neu eingeführten Produkten.

Supply Chain Champions setzen auf eine zeitnahe und rollierende Absatzplanung: Sie planen auf Ebene der Produktgruppen monatlich immer für die jeweils folgenden 12 bis 18 Monate. Der Vorteil gegenüber der jährlichen bzw. halbjährlichen Planung besteht darin, dass die Unternehmen auf Grund der aktuelleren Daten viel schneller und effektiver auf mittelfristige Bedarfstrends reagieren und ihre Produktions- und Logistikkapazitäten entsprechend anpassen können. Die Etablierung einer unterjährigen Absatzplanung lohnt sich auch für den Mittelstand, wie ein Unternehmen aus der Lebensmittelindustrie zeigt.

In dem betreffenden Unternehmen spielten traditionell kurzfristige, informelle Absprachen eine große Rolle. Dies war kein Problem bei konstanten Verkaufsmengen, führte jedoch dazu, dass Anforderungen für Zusatzmengen, wie z.B. Promotions, zum Teil nur unter großen Anstrengungen erfüllt werden konnten.

Daher wurde in dem Unternehmen ein regelmäßiger Absatzplanungsprozess aufgebaut. Einmal pro Monat stellen die Mitarbeiter seitdem einen Plan auf, in dem sie die erwarteten Absatzmengen der nächsten Monate für die einzelnen Artikel differenziert planen. Dazu tragen zunächst die einzelnen Vertriebsmitarbeiter alle Informationen für ihre Teilbereiche zusammen. Schließlich bündelt ein Mitarbeiter aus dem Vertrieb alle Informationen und erstellt einen zusammenhängenden Absatzplan. Dies geschieht im Rahmen eines Excel-Programms, das auch auf historische Daten zurückgreifen kann. Die Kosten für die Einführung der Absatzplanung waren minimal, dennoch stellten sich große Verbesserungen ein. Insbesondere die formalisierte, verbesserte Kommunikation zwischen Vertrieb und Produktion und ein stärkeres Bewusstsein für die Bedeutung der Planung auf Seiten des Vertriebs führten zu mehr Stabilität und weniger Eilaufträgen.

Die größeren Champions planen auf Artikelnummernebene wöchentlich über einen rollierenden Zeithorizont, der der Produktionsdurchlaufzeit plus der Wiederbeschaffungszeit wesentlicher Rohstoffe und Verpackungsmaterialien entspricht; meist sind das 4 bis 9 Wochen. Dank einer solchen Planung mit ausreichendem Vorlauf können die Unternehmen ihre Supply Chain exakt synchronisieren, vom Kundenbedarf über Produktion und Logistik bis zur Beschaffung bzw. – unternehmensübergreifend gesehen – sogar bis zur Produktion der Lieferanten.

IT-Unterstützung für Absatzplanung. Eine häufige und detaillierte Absatzplanung erfordert einen hohen Grad an Automatisierung und damit IT-Unterstützung. Das Grundgerüst der Planung kann automatisch mit statistischen Verfahren erzeugt werden. Die manuelle Planung kann sich dann darauf konzentrieren, die Qualität der Eingangsdaten sicherzustellen und Ausnahmesituationen zu bewältigen. Die statistischen Prognosen werden laufend und automatisch mit längerfristigen Budgets, Vertriebszielen und dem aktuellen Auftragseingang abgeglichen. Weichen sie über ein definiertes Maß von den Budgets oder vom Auftragseingang ab, so muss ein Planer die Situation beurteilen und die Planungen gegebenenfalls korrigieren.

Differenzierte Prognosemodelle für Trends und Promotions. Um eine hohe Prognosegenauigkeit bei minimalem manuellem Planungsaufwand zu erreichen, müssen ausgefeilte und vor allem nach Bedarfsmustern differenzierte statistische Modelle eingesetzt werden. Einfache Methoden wie gleitender Mittelwert, Trendextrapolation oder exponentielle Glättung reichen bei komplexen Absatzverläufen nicht aus. Bei den differenzierten statistischen Prognosemodellen werden eventuelle Trends und saisonale Muster anhand historischer Daten ermittelt und in die Prognose eingearbeitet. Promotions, aber auch „Großereignisse" wie Feiertage, werden getrennt erfasst und in die Prognose einbezogen. Wenn der Bedarf regelmäßig durch Promotions beeinflusst wird, empfiehlt es sich, die Bedarfszeitreihe generell in zwei Komponenten zu zerlegen: den in der Regel stabilen Grundbedarf ohne Einfluss von Promotions und die durch Promotions hervorgerufenen Effekte (siehe auch Kapitel 5 „Segmentierung").

Der Grundbedarf lässt sich dann mit relativ einfachen Mitteln weitgehend automatisch prognostizieren. Der durch Promotions hervorgerufene Bedarfsverlauf ist schwieriger zu ermitteln; hierfür ist es wichtig, Art und Datum künftiger verkaufsfördernder Aktivitäten genau zu kennen. Kernstück der Ermittlung des Promotion-Bedarfs ist ein konsolidierter Promotion-Kalender, der eigene Promotions und die Promotions des Handels enthält. Hierbei ist eine enge Zusammenarbeit mit dem Handel besonders hilfreich, denn je genauer die Informationen des Handels über Promotions sind, desto besser wird die Planung. Der Königsweg ist natürlich die direkte Abstimmung der Planungen mit dem Handel, z.B. im Rahmen von CPFR-Kooperationen – allerdings ist der Aufwand in erster Linie nur für Produkte sinnvoll, die ansonsten einen hohen Prognosefehler aufweisen würden.

Optimale organisatorische Voraussetzungen. Die genaue Einplanung von Promotions erfordert außerdem umfangreiche organisatorische Weichenstellungen. Oft sind Informationen zu Promotions zwar im Unternehmen vorhanden, kommen aber nur verzerrt oder mit zeitlicher Verzögerung bei den Planern an. Dies macht deutlich, wie wichtig es ist, dass alle an der Supply Chain beteiligten Funktionen mit den gleichen aktuellen Informationen arbeiten. Dazu müssen einerseits die technischen Voraussetzungen für den Informationsaustausch, andererseits aber auch klare Verantwortlichkeiten für die Planung geschaffen werden. Die regelmäßige Abstimmung zwischen den beteiligten Funktionen ist der Schlüssel zu einer Verbesserung der Planungsqualität.

Systematisches Vorgehen wichtig. Die Veränderung von Planungssystemen ist meist ein langwieriger Prozess, bei dem sich die Mitarbeiter von vielen lieb gewonnenen Gewohnheiten verabschieden müssen. Sie kann daher nur gelingen, wenn die Verbesserung der Planungsmethodik und die organisatorische Ausgestaltung der Planung aufeinander abgestimmt und behutsam angegangen werden. Ausgangspunkt der Veränderung sollten klare Ziele für Servicelevel und Kosten sein. Um diese Ziele zu erreichen, wird dann das Vorgehen in den verschiedenen Elementen der Planung konkretisiert (Abbildung 6-7).

Abbildung 6-7: ELEMENTE EINER SYSTEMATISCHEN VERBESSERUNG DER SUPPLY-CHAIN-PLANUNG

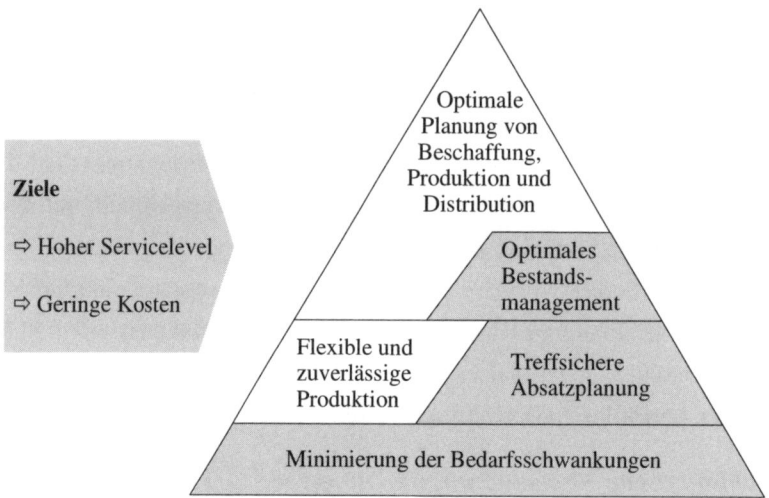

Der erste Schritt ist die Reduzierung von Bedarfsschwankungen, durch die der gesamte Planungsprozess „beruhigt" werden kann. Darauf aufbauend wird eine verlässliche Absatzplanung eingeführt. Wie verlässlich diese sein muss, hängt von der Flexibilität der Produktion ab: Kann die Produktion selbst kurzfristig und flexibel auf Bedarfe reagieren, sinkt die Bedeutung von Absatz- und Nachschubplanung. Ist diese Flexibilität nicht gegeben, muss die Absatzplanung durch ein professionelles Bestandsmanagement ergänzt werden. Das Ergebnis sind stabile und gut vorhersehbare Bedarfe für Beschaffung, Produktion und Distribution.

Vor bzw. spätestens während der Einführung neuer, häufig durch neue IT-Systeme unterstützter Planungsprozesse sind auch die eventuellen organisatorischen Schwachstellen (Verantwortlichkeiten, Informationsaustausch etc.) zu beheben. Ein nachhaltiges Ausbrechen aus dem Teufelskreis der Supply-Chain-Planung gelingt nur dann, wenn alle Planungsprozesse, einschließlich der organisatorischen Randbedingungen, gleichzeitig und kontinuierlich verbessert werden.

Supply-Chain-Planung im Handel

Von der Hand in den Mund. Im Handel mit schnelldrehenden Konsumgütern kommt der Planung eine andere Bedeutung zu als in der Industrie. Während die Industrie den Nachschub oft über mehrere Monate hinweg plant und – bedingt durch starre Produktionsstrukturen und lange Vorlaufzeiten bei Vorlieferanten – oft keine kurzfristigen Planänderungen vornehmen kann, ist die Planung des Handels wesentlich kurzfristiger ausgelegt. Bei einer durchschnittlichen internen Lieferzeit (vom Handelszentrallager ins Regal) von 2 Tagen und Wiederbeschaffungszeiten des Zentrallagers von in der Regel maximal 5 Tagen ist eine wesentlich schnellere Reaktion möglich. Operative Planung und Prognosen im Handel gehen daher selten über einen Zeithorizont von 1 Monat hinaus; eine längere Planung ist nur in Ausnahmefällen, z.B. für Promotions, notwendig.

Planung und Disposition noch ausbaufähig. In vielen Unternehmen werden die zukünftigen Verkäufe auf Grund großer Datenmengen und fehlender technischer Voraussetzungen überhaupt nicht explizit prognostiziert. Stattdessen bestellt die Disposition auf Basis von statischen Bestandszielen. Viele Händler können ihre Supply-Chain-Leistung noch erheblich verbessern, wenn sie eine zukunftsgerichtete, automatisierte und dynamische Disposition etablieren und das lokale Know-how der Mitarbeiter in den Filialen – insbesondere bei der Planung von Aktionen – innerhalb eines klaren, standardisierten Prozesses einbeziehen würden.

Informationen besser nutzen. An keiner anderen Stelle in der Supply Chain liegen so viele detaillierte Informationen über den Endverbrauch der Produkte vor wie im

Handel. Werden diese Informationen nicht automatisch erfasst und für die Prognose genutzt, verschenkt der Händler eine einmalige Chance. Die Folge: Die Warensteuerung ist nicht aktuell. So bestellt beispielsweise der Disponent weiter Kirschjoghurt, obwohl die Verbraucher schon längst eine Vorliebe für Erdbeerjoghurt entwickelt haben. Der Ausweg liegt in der automatischen Erfassung der Verkäufe je Filiale und der Erstellung einer filialgenauen Absatzprognose als Ausgangspunkt für die Disposition der Filialen. Mit modernen Prognosemethoden können die Händler dann auf Veränderungen in der Nachfrage zeitnah und kostenoptimal reagieren. Zusätzlich können die Filialen lokale Ereignisse mit einplanen und so ihren subjektiven Gestaltungsspielraum bewahren. Das Gleiche gilt prinzipiell für die Disposition des Handelslagers; hier sind jedoch andere Daten zu erfassen, z.B. Filialbestellungen bzw. Lagerabgänge anstelle von POS-Daten, und ein tendenziell längerer Planungshorizont zu berücksichtigen.

Bei Promotions langfristig planen. Die langfristige Planung im Handel ist meist an wirtschaftlichen Zielen orientiert, z.B. bezogen auf das Geschäftsjahr, hat aber keine direkte Bedeutung für das operative Geschäft. Eine Ausnahme bilden besondere Ereignisse wie Festtage und vor allem Promotion-Aktivitäten. Zumindest kleinere Händler können sich zwar auch hier in der Regel darauf verlassen, dass sie selbst kurzfristig Lieferungen von der Industrie erhalten; da Promotions aber auch innerhalb ihres eigenen Unternehmens ausgesteuert werden müssen, müssen sie dennoch längerfristig planen: Zum einen müssen sie die Kapazitäten bei Logistik und Werbemitteln sowie die für Promotions zur Verfügung stehende Regal- und Ladenfläche abstimmen. Zum anderen müssen sie die Aktionsvolumina auf Basis von Informationen aus den Filialen festlegen, um so Über- oder Unterbestellungen zu vermeiden. Viele Händler überlassen die Festlegung der Aktionsmengen komplett den einzelnen Märkten und benötigen deshalb bei Aktionen meist einen längeren Planungsvorlauf von 6 bis 12 Wochen für die operative Planung, zuzüglich längerfristiger vorgelagerter Aktivitäten wie die Verhandlung mit Lieferanten.

Promotions – zentral oder dezentral? Während im operativen Standardgeschäft durch die Automatisierung der Disposition, die Nutzung fortgeschrittener Prognoseverfahren und die punktuelle Erfassung von Mitarbeiterwissen eine gute Planqualität erzielt werden kann, reichen diese Maßnahmen für Promotions meist nicht aus. Das

Geheimnis guten Promotion-Managements liegt in der richtigen Einbeziehung des lokalen Know-hows in den Märkten. Grundsätzlich sind dabei 2 Extreme denkbar: die dezentrale Festlegung von Aktionsvolumina durch die Filialen und die zentrale Bestimmung der Volumina.

- **Dezentrale Planung von Promotions:** Wenn die Filialen die Aktionsvolumina selbständig festlegen dürfen, können sie individuell auf örtliche Besonderheiten eingehen. Der Nachteil dieser Unabhängigkeit besteht darin, dass auf Grund unterschiedlicher fachlicher Planungskompetenzen der verantwortlichen Mitarbeiter in den Filialen sehr unterschiedliche Planungsqualitäten erreicht werden. Ein dezentraler Planungs- und Bestellprozess ist zudem meist langwierig und verhindert dadurch eine schnelle Reaktion auf eine geänderte Nachfrage.

- **Zentrale Planung von Promotions:** Wenn die Zentrale die Promotion-Volumina für alle Märkte verbindlich festlegt, hat dies den Vorteil, dass sie schnell und flexibel reagieren kann, ohne sich in endlosen Abstimmungsschleifen zu verlieren. Bei der zentralen Planung besteht allerdings die Gefahr, dass örtliche Informationen verloren gehen und die Mitarbeiter in den Filialen demotiviert werden.

Promotions differenzieren. Gute Planungsprozesse im Handel versuchen daher, beide Vorgehensweisen miteinander zu verbinden: Sie klassifizieren Promotions in zwei Kategorien – in zentral gut planbar oder nicht gut planbar – und geben den Filialen je nach Kategorie eine verbindliche fixe Aktionsmenge, eine verbindliche Mindestmenge oder nur eine Mengenempfehlung vor. Die Planungsprozesse können dann durch zentrale Planung dort verkürzt werden, wo dies sinnvoll erscheint, und lokal durchgeführt werden, wo dies notwendig ist. Letzteres ist besonders lohnend bei Produkten mit stärkerer regionaler Differenzierung, z.B. bei Getränken wie Bier oder Mineralwasser. Bei lokaler Planung hat die Zentrale die Aufgabe, die Planungsqualität der Filialen zu kontrollieren und die Marktleiter für die Abgabe zutreffender Bestellungen zu belohnen.

Hohe Planungsqualität bei Champions. Supply Chain Champions wenden sehr differenzierte Planungsprozesse an; ihre Planungsqualität ist entsprechend höher als die der Verfolger: Auf einer Skala von 0 (mangelhafte Planungsqualität) bis 100 (sehr gute Planungsqualität) erreichen die Supply Chain Champions bei der Selbsteinschätzung ihrer Planungsqualität den Wert 68, die Verfolger kommen hier nur auf einen Wert von 46. Auch die Zusammenarbeit entlang des Planungsprozesses ist bei den Champions reibungsloser: Sie bewerten ihre interne Zusammenarbeit mit einem Wert von 70 auf der Skala von 0 (mangelhafte interne Zusammenarbeit) bis 100 (sehr gute interne Zusammenarbeit), die Verfolger erreichen nur einen Wert von 52 (Abbildung 6-8).

Abbildung 6-8: SUPPLY-CHAIN-PLANUNG IM HANDEL

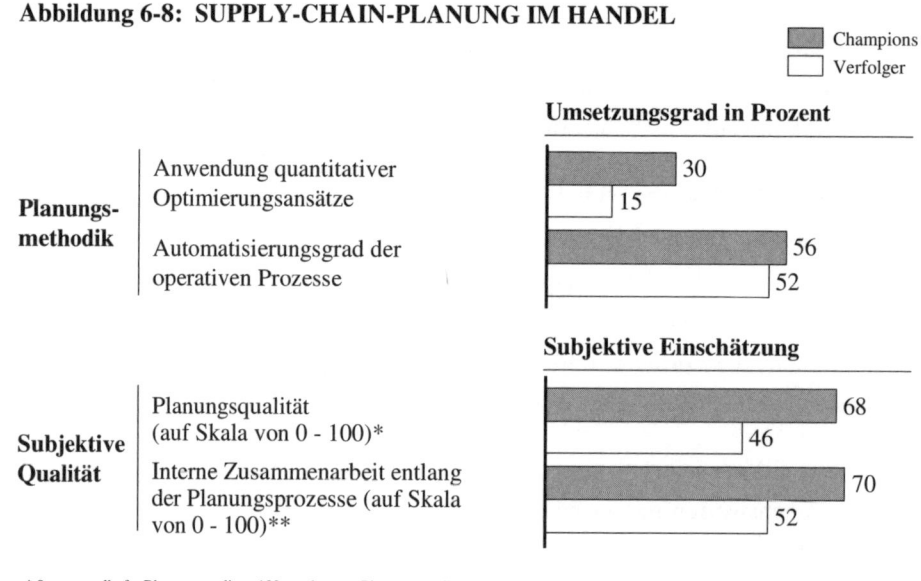

Auch in der Planungsmethodik sind die Champions überlegen. Ein höherer Anteil von ihnen wendet quantitative Optimierungsansätze an, z.B. bei der Bestimmung kostenoptimaler Bestände (Umsetzungsgrad von 30% im Vergleich zu 15% bei den Verfolgern). Auch bei der Automatisierung der Disposition sind sie den Verfolgern mit 56 gegenüber 52% leicht voraus.

Fallbeispiel Seven Eleven Japan zeigt Vorteile dezentraler Planung. Anhand eines Best-Practice-Beispiels aus Japan wird deutlich, welche Bedeutung der innovative Umgang mit Informationen bei der Planung im Handel erhalten kann. Seven Eleven Japan (SEJ) erhebt, verarbeitet und nutzt Daten aus seinen Filialen nach einem ausgeklügelten System und hat damit für sich wesentliche Wettbewerbsvorteile in der gesamten Supply Chain aufgebaut. Das Beispiel SEJ zeigt, wie eine zukunftsgerichtete Steuerung der Supply Chain im Handel aussehen kann.

Leistungskennzahlen überzeugen. SEJ ist mit knapp 10.000 Filialen (Stores) und einem Umsatz von ca. 16 Mrd. EUR der größte japanische Convenience-Store-Betreiber. Ein typischer SEJ Store ist 110 qm groß und verfügt über ein Sortiment von 3.000 Artikeln. Die Leistungskennzahlen von SEJ sind beeindruckend: Die Umsatzrendite vor Steuern beträgt 7%, die Bestandsreichweite im Regal weniger als 7 Tage! Zum Vergleich: Im deutschen Lebensmitteleinzelhandel liegt die durchschnittliche Umsatzrendite bei nur ca. 1%. Je nach Betriebstyp sind zudem durchschnittliche Bestandsreichweiten im Regal von 25 Tagen und mehr gang und gäbe.

Erfolgsfaktor 1: Umfangreiche Kundendaten. Einer der wesentlichen Erfolgsfaktoren von SEJ ist die intelligente Nutzung von Informationen zur Steuerung der Supply Chain. SEJ erhebt kontinuierlich Daten zu seinen Kunden und deren Kaufverhalten. Die Kassierer geben beispielsweise bei jedem Kassenvorgang das (geschätzte) Alter und das Geschlecht des Kunden ein und übermitteln diese Daten täglich an die SEJ-Zentrale. Diese Daten werden dann für das operative, taktische und strategische Management genutzt.

Erfolgsfaktor 2: Zeitnahe Datennutzung. Für das operative Management der Supply Chain werden die Daten zunächst aggregiert und jeden Morgen an alle Läden und Lieferanten geschickt. Auf Basis der eigenen und der aggregierten Daten können die Store Managers dann fundierte Entscheidungen über Bestellmengen treffen. Da die Immobilienpreise in Japan hoch sind, ist es wichtig, dass die Verkaufsfläche effizient genutzt wird, d.h. ein hoher Umsatz pro Quadratmeter Verkaufsfläche erzielt wird. Um dieses Ziel zu erreichen, passen die SEJ Store Managers das Sortiment an die Tageszeit an. Wenn die Kunden beispielsweise morgens auf dem Weg zur Arbeit Milch in kleineren Verpackungen nachfragen als abends auf dem Weg nach Hause, dann bestellen die Store Managers so, dass morgens mehr kleine Verpackungen im Laden verfügbar sind als abends, passen also das Store-Layout an die Tageszeit an. Das ist möglich, weil SEJ eng mit seinen Lieferanten und Logistikdienstleistern kooperiert. Diese liefern mehrmals täglich in einem Zeitfenster von ±10 Minuten Ware an. Wenn der Fahrer mehr als 10 Minuten vor dem geplanten Liefertermin ankommt, wartet er vor dem Laden. Kommt er später als 30 Minuten nach dem geplanten Liefertermin an, zahlt der Logistikdienstleister eine Strafgebühr, die der Bruttomarge der betreffenden Lieferung entspricht. Um eine zuverlässige Lieferung über Japans verstopfte Straßen sicherzustellen, verlangt SEJ von seinen Logistikdienstleistern, dass sie mit unterschiedlichen Transportmitteln liefern können. Dazu gehören Lkws, Motorräder, Schiffe und Hubschrauber.

Erfolgsfaktor 3: Daten mobilisieren die Organisation. Für das taktische Management werden die Daten in der Zentrale wöchentlich ausgewertet. Jeden Montag trifft sich Toshifumi Suzuki, der CEO von SEJ, mit 100 seiner Manager, um die Abverkaufsdaten der Vorwoche zu analysieren und daraus Taktiken für die Folgewoche abzuleiten. Am Dienstag erläutern diese Manager die Taktiken dann den ca. 1.000 Field Managern, die wiederum in regionalen Meetings die Taktiken operationalisieren und dann ab Mittwoch an die Stores weitergeben. Bei der Umsetzung der Taktiken in den Stores werden lokale Informationen über Werbekampagnen, Sportereignisse und sogar der Wetterbericht mit berücksichtigt. Dadurch, dass SEJ aggregierte und lokale Informationen sehr schnell auswertet, ist das Unternehmen in der Lage, sein Sortiment effizient an den Markt anzupassen. So wird beispielsweise die Hälfte der 3.000 Artikel eines Store pro Jahr ausgetauscht.

Erfolgsfaktor 4: Schnelle Reaktion auf Trends. Im Rahmen des strategischen Managements nutzt SEJ die Daten, um Trends frühzeitig zu erkennen und dann gemeinsam mit Herstellern schnell auf diese Trends reagieren zu können. So erkannte SEJ beispielsweise früher als der Wettbewerb, dass sich die Nachfrage nach einem bestimmten Nudelprodukt auf Kosten eines anderen enorm steigerte, und entwickelte gemeinsam mit dem Nudelhersteller Nisshin eine neue Nudelkategorie, um sich zügig dieser Entwicklung anzupassen.

Der Aufwand lohnt sich. Konzept und Vorgehen von SEJ sind wohl nicht eins zu eins auf den deutschen Markt übertragbar, dazu sind die landesspezifischen Strukturen und die Vorlieben der Verbraucher zu unterschiedlich. SEJ zeigt jedoch, dass ein ausgefeiltes Planungssystem dazu beitragen kann, eine hohe Supply-Chain-Leistung zu erzielen. SEJ setzt dazu zwar auch moderne IT-Systeme ein, doch wird ein Großteil der Planung während der wöchentlichen persönlichen Treffen des Managements erledigt. Der Planungsprozess erscheint auf den ersten Blick aufwändig und komplex, doch die Ergebnisse von SEJ zeigen, dass sich dieser Aufwand lohnen kann.

7. Supply Chain Controlling –

Management by KPIs

In den vorangegangenen Kapiteln haben Sie einige Ansätze kennen gelernt, mit denen Sie die Leistung Ihrer Supply Chain verbessern können. Aber wie können Sie sicherstellen, dass beschlossene Konzepte und Strategien auch richtig, konsequent und mit dem gewünschten Ergebnis umgesetzt werden? Das ist die Aufgabe des Supply Chain Controlling. Es hilft, akute Probleme und potenzielle Risiken in Ihrer Lieferkette zu erkennen, und zeigt Verbesserungsmöglichkeiten auf.

Ein gutes Supply Chain Controlling basiert auf qualitativ hochwertigen Daten, die im Unternehmen erhoben und zu Kennzahlen verdichtet werden. Regelmäßig aktualisiert bilden diese Kennzahlen die Informationsgrundlage für das Management der Supply Chain. Supply Chain Champions und Verfolger unterscheiden sich darin, wie sie das Controlling angehen – welche Kennzahlen sie verwenden, wie sie diese erheben und auswerten. Dieses Kapitel gibt Hilfestellung bei der Ausrichtung des Supply Chain Controlling auf die wesentlichen Problemfelder der Lieferkette.

Welche Kennzahl darf's denn sein?

Wie viel Controlling tut gut? Grundsätzlich gilt: Jede erfasste Kennzahl kann Nutzen bringen, verursacht aber auch Kosten. Bei wie vielen Kennzahlen das Kosten-Nutzen-Verhältnis am günstigsten ist, hängt nicht zuletzt von der subjektiven Bewertung und der jeweiligen Unternehmensphilosophie ab. US-amerikanische Unternehmen z.B. orientieren sich tendenziell sehr stark an Zahlen. Sie erheben ein umfangreiches System von Kennzahlen zentral und werten die Zahlen auf verschiedenen Aggregationsebenen aus; als Pflichtprogramm gelten in der Regel Kennzahlen zu Kosten, Qualität und Zeit (Abbildung 7-1). Deutsche Unternehmen scheuen dagegen häufig die Investition; selbst einige Großunternehmen verlassen sich daher auf einige wenige Indikatoren und Ad-hoc-Analysen.

Abbildung 7-1: KENNZAHLEN ZUR MESSUNG DER SUPPLY-CHAIN-LEISTUNG IN DER INDUSTRIE   BEISPIELE

Qualität
⇨ Servicelevel
⇨ Retourenquote
⇨ Kundenzufriedenheit
⇨ Verfügbarkeit im Händlerregal

Kosten
⇨ Supply-Chain-Gesamtkosten
⇨ Produktionskosten
⇨ Bestandskosten/Bestand
⇨ Lager- und Transportkosten
⇨ Kosten für Verwaltung und IT

Zeit
⇨ Lieferzeit
⇨ Länge Planungszyklus
⇨ Order-to-Cash-Zeit
⇨ Vorlaufzeit Lieferanten

Welcher der beiden Ansätze im Einzelfall besser geeignet ist und wie viele und welche Kennzahlen gemessen werden sollten, lässt sich nur mittels einer genauen, individuellen Kosten- und Nutzeneinschätzung entscheiden.

Aktualität kostet. Eine weitere Entscheidung, die sich unmittelbar auf die Kosten auswirkt, betrifft die Erhebungsfrequenz. Es liegt auf der Hand, dass Kennzahlen nur dann sinnvoll zur Steuerung eingesetzt werden können, wenn sie regelmäßig erhoben werden – nur so können Unternehmen zeitnah auf aktuelle Entwicklungen reagieren. Andererseits: Häufiges Messen bedeutet auch größeren Aufwand, sowohl für die Erhebung als auch für die Auswertung. Folglich gilt es hier ebenfalls, genau zwischen Kosten und Nutzen abzuwägen.

Das richtige Maß von Standardisierung und Individualisierung finden. Kennzahlen gibt es viele – und ebenso viele unterschiedliche Präferenzen. Würde man mehrere Führungskräften fragen, welche Kennzahlen sie für sinnvoll halten, würde jeder von ihnen eine ganze Reihe nennen, leider aber fast jeder andere. Und genau hier liegt das Problem: Häufig definieren Manager für ihren Bereich Kennzahlen, die von anderen Bereichen im Unternehmen nicht eindeutig verstanden werden. So kann der z.B. Servicelevel als (prozentualer) Erfüllungsgrad der Nachfrage, der Auftragspositionen oder der Bestellungen definiert werden.

Individuell definierte Kennzahlen haben den Vorteil, dass jeder genau das misst, was ihm am relevantesten erscheint. Die Nachteile sind aber auch nicht von der Hand zu weisen: Ländergesellschaften, Geschäftsbereiche oder Werke sind kaum vergleichbar; zudem können ihre Kennzahlen nur schwer aggregiert werden. Hinzu kommt noch, dass die dezentrale Definition und Erhebung von Kennzahlen aufwändig ist und Controllingkompetenz auf einem Niveau erfordert, das in den einzelnen Bereichen nicht immer vorhanden ist. Ein effizientes und effektives Controlling schafft den Spagat: Es geht auf die individuellen Anforderungen der Kennzahlennutzer ein und erreicht gleichzeitig ein größtmögliches Maß an Standardisierung.

Zu enger Fokus schadet. Kennzahlen werden den Unternehmensbereichen oft nach dem Verursacherprinzip zugeordnet: Die Produktion verursacht Produktionskosten – also wird sie anhand der Produktionskosten bewertet. Der Vertrieb ist für den Kundenkontakt verantwortlich – also wird er an der Kundenzufriedenheit gemessen. Dies scheint logisch, aber ist es das wirklich? Nicht unbedingt: Die strikte Fokussierung auf einzelne Zielgrößen führt oft dazu, dass Zusammenhänge verkannt, Fehlentscheidungen getroffen und letztlich die Gesamtkosten der Lieferkette in die Höhe getrieben werden. Außerdem gibt es vielleicht andere, ebenso relevante Kennzahlen, durch deren Missachtung wichtige Verbesserungspotenziale übersehen werden.

Beispiel Produktionskosten. Die Fertigung kann die Produktionskosten senken, indem sie in größeren Losgrößen produziert und damit für gleichmäßigere Auslastung sorgt. Allerdings verlängert sie dadurch auch die Lieferzeit – und darüber wird der Vertrieb alles andere als erfreut sein. Der Konflikt zwischen Produktion und Vertrieb ist vorprogrammiert. Dabei hat sich der Leiter der Fertigung ganz logisch verhalten: Solange er primär an den Produktionskosten gemessen wird, ist er natürlich in erster Linie an deren Optimierung interessiert. Wie dieses Beispiel zeigt, kann der Tunnelblick zu Lasten des Unternehmenserfolgs gehen.

Über den eigenen Tellerrand schauen hilft. Häufig könnten die Produktionskosten durch eine genauere Absatzplanung gesenkt werden, weil diese kurzfristige Plan- änderungen minimiert. Verantwortlich hierfür wäre jedoch der Vertrieb, allerdings fühlt der sich – zumindest bei klar getrennten Verantwortungsbereichen – für Kos- tensenkungspotenziale in der Fertigung nicht zuständig und hat daher wenig Anreiz, auf seine Planungsgenauigkeit zu achten. Zumal genauere Absatzprognosen auch aufwändiger sind, denn sie müssen öfter aktualisiert und mit den Händlern abge- stimmt werden. Es leuchtet ein, dass die Produktion in dieser Konstellation Schwierigkeiten haben wird, den Vertrieb von der Notwendigkeit einer genaueren Planung zu überzeugen.

Durch Controlling zum Optimum. Das Beispiel macht deutlich: Controllingsyste- me müssen so aufgebaut sein, dass sie allen Beteiligten einen Anreiz liefern, das Optimum für die Lieferkette insgesamt anzustreben. Und natürlich müssen diejeni- gen an den Stellschrauben drehen können, die das Ergebnis zu verantworten haben.

Um ein Controllingsystem aufzubauen, sind also folgende Fragen zu klären:

- Welche Kennzahlen sollen für die einzelnen Bereiche gemessen werden?

- Inwiefern werden die Kennzahlen standardisiert, wer entscheidet über den Grad der Standardisierung?

- Wie oft und mit welchem Aufwand werden Kennzahlen erhoben?

- Wer ist für die Kennzahlen verantwortlich, wer berichtet an wen?

- Wie sieht ein Supply Chain Controlling aus, das Daten und Kennzahlen optimal nutzt?

Auf diese Fragen gibt es zwar keine allgemein gültigen Antworten, doch ein Blick auf die Champions zeigt zumindest, was in der Praxis funktioniert.

Champions: Konsequenz, Qualität, Regelmäßigkeit

Erfolg mit System. Die Supply Chain Champions unterscheiden sich von den Verfolgern nicht nur darin, wie viele Kennzahlen sie verwenden, sondern auch dadurch, dass sie ein passendes Kennzahlen-Gesamtsystem für ihr Controlling einsetzen. Sie erfassen die richtigen Kennzahlen, erheben die zu Grunde liegenden Werte regelmäßig und setzen die Kennzahlen im Supply Chain Controlling sehr effektiv ein.

Die richtigen Kennzahlen. Wir haben bei den Champions keine einheitlichen Kennzahlensysteme vorgefunden – und hatten das auch gar nicht erwartet. Eines allerdings unterscheidet die Champions von den Verfolgern: Bei allen ist die Messung von Qualität, Kosten und Zeit – Sie erinnern sich an unser Dreieck weiter vorn – Pflicht. Denn Kennzahlen zu diesen drei Leistungsdimensionen braucht ein Unternehmen regelmäßig, um die Leistungsfähigkeit seiner Supply Chain beurteilen und auf Abweichungen vom Ziel reagieren zu können.

Servicelevel ist ein Muss. Vor allem bei den Qualitätskennzahlen haben wir Unterschiede zwischen Champions und Verfolgern festgestellt (Abbildung 7-2). Ein Muss

Abbildung 7-2: VON HERSTELLERN ERHOBENE KENNZAHLEN

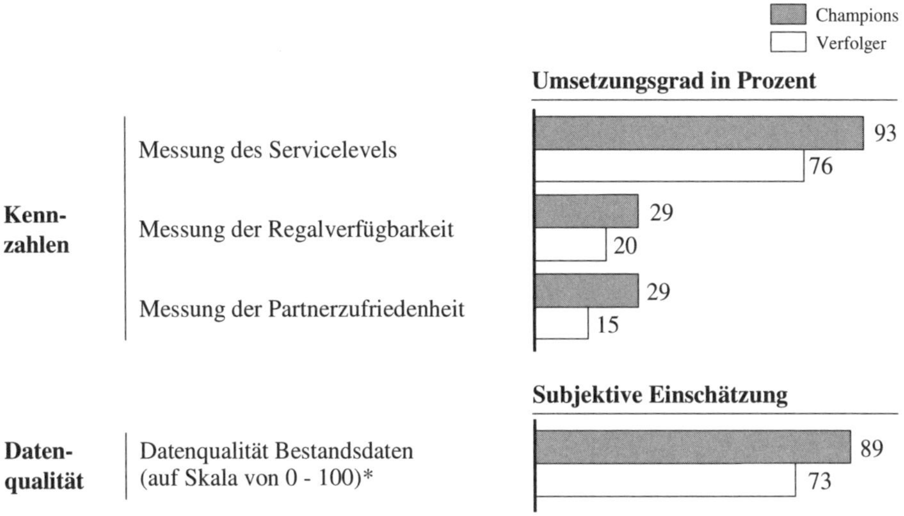

* 0 = schlechte Datenqualität, 100 = sehr gute Datenqualität

für Supply Chain Champions ist das Messen des Servicelevels. Die Champions messen ihn zu 93% regelmäßig – die Verfolger nutzen diese Kennzahl nur zu 76%. Keiner der **Champions**, aber mehrere Verfolger verzichten ganz auf diese Kennzahl. Das mag früher, als der Handel die Zuverlässigkeit seiner Lieferanten ebenso wenig beziffern konnte, noch vertretbar gewesen sein. Doch inzwischen kontrolliert über die Hälfte der deutschen Einzelhändler die Lieferzuverlässigkeit; in Verhandlungen über die Lieferkonditionen spielt der Servicelevel eine immer wichtigere Rolle. Wer also heute als Konsumgüterhersteller nicht genauestens über seine Lieferfähigkeit Bescheid weiß und sie bei Bedarf kundengenau nachvollziehen kann, gibt sich eine echte Blöße.

Wettbewerbsvorteil Einbeziehung des Handels. Zusätzlich differenzieren können sich Hersteller, indem sie die Händler in die Kennzahlenmessung einbeziehen, z.B. durch Erhebung der Regalverfügbarkeit oder der Zufriedenheit ihrer Partner im Handel. Die Supply Chain Champions haben die Messung beider Kennzahlen zu 29% umgesetzt, bei den Verfolgern ist der Umsetzungsgrad niedriger: Er beträgt 20% bei der Regalverfügbarkeit und 15% bei der Partnerzufriedenheit.

Diese Werte könnten aber bei Champions wie Verfolgern noch deutlich höher liegen. Letztlich muss es im Interesse des Herstellers sein, für die Produkte im Regal eine hohe Verfügbarkeit zu gewährleisten. Und nur, wenn er diese Größe vor Ort überprüft, kann er einschätzen, wie gut der gesamte Produktbereitstellungsprozess – von der Bestellung des Händlers bis zur Bereitstellung der Ware im Händlerregal – funktioniert.

Datenqualität als Voraussetzung. Die Champions legen größeren Wert auf hohe Datenqualität als die Verfolger. So beurteilen die erfolgreichen Hersteller die Qualität ihrer Bestandsdaten auf einer Skala von 0 (schlechte Datenqualität) bis 100 (sehr gute Datenqualität) mit 89, die Verfolger mit 73. Zuverlässige Daten aber sind eine wesentliche Voraussetzung für den reibungslosen Ablauf des Controllings.

Aktualität wichtiger als Menge. Der letzte, aber nicht zu unterschätzende Erfolgsfaktor ist die regelmäßige Erhebung der Kennzahlen. 42% der Champions, aber nur 18% der Verfolger tun dies wöchentlich. Alle Champions ermitteln die Kennzahlen mindestens einmal pro Monat, während immerhin 15% der Verfolger die Kennzahlen noch seltener aktualisieren (Abbildung 7-3). Wir sehen also: Champions legen größten Wert auf Aktualität. Mit gutem Grund – denn oft tun Unternehmen gut daran, weniger Kennzahlen und diese dafür häufiger zu erheben als sich in einem Wust an Daten zu verlieren. Schließlich können nur aktuelle Kennzahlen die Grundlage für ein wirkungsvolles Supply Chain Controlling sein.

Abbildung 7-3: **ERHEBUNG VON KENNZAHLEN BEI DEN HERSTELLERN**
Anteil in Prozent

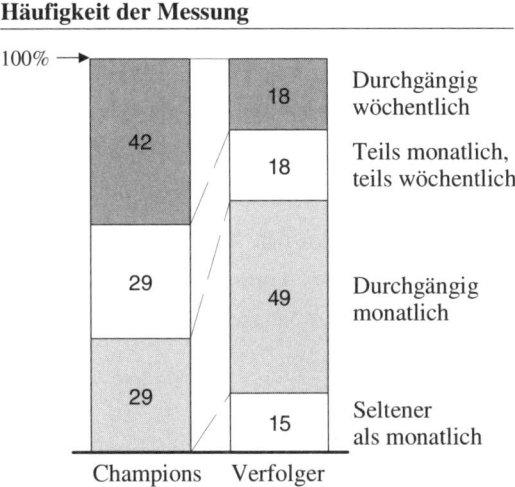

Häufigkeit der Messung

100% →

- 42 / 18 — Durchgängig wöchentlich
- 18 — Teils monatlich, teils wöchentlich
- 29 / 49 — Durchgängig monatlich
- 29 / 15 — Seltener als monatlich

Champions   Verfolger

Verbesserung des Controllings:
ein Gesamtprogramm

Optimierung in 3 Schritten. Ein Programm zur Verbesserung des Kennzahlensystems umfasst drei Schritte: Zunächst sind die wichtigsten Kennzahlen zu bestimmen; dabei ist die Strategie des Unternehmens das ausschlaggebende Auswahlkriterium. Darauf aufbauend müssen die Kennzahlen so definiert werden, dass sie im operativen Geschäft problemlos verwendet werden können. Und schließlich muss das Kennzahlensystem institutionalisiert, also in den Prozessen des Supply Chain Controlling verankert werden.

1. Schritt: Kennzahlen priorisieren. In diesem Schritt sind zunächst einige wenige Kennzahlen aus der Lieferkette festzulegen, die im gesamten Unternehmen überwacht werden sollen. Dabei müssen vor allem die beiden Dimensionen Kosten und Qualität abgedeckt werden. Kennzahlen zur Dimension Zeit sind ebenfalls wichtig, brauchen aber nicht so häufig gemessen zu werden. Die gewählten Kennzahlen sind damit die wesentlichen Leistungsparameter – oder auch Key Performance Indicators (KPIs) – der Lieferkette. Die KPIs und die Zielwerte für die einzelnen KPIs werden aus der Unternehmensstrategie abgeleitet.

Auf der ersten Ebene sollten maximal 3 bis 5 KPIs ausgewählt werden, mehr nicht. Nur so kann auch der Vorstandsvorsitzende oder Geschäftsführer die Leistung der Supply Chain im Blick behalten. Schließlich kommen noch andere Kennzahlen – etwa aus dem Vertrieb oder dem Marketing – auf seinen Schreibtisch, und er kann keine unbegrenzte Menge an Zahlen verarbeiten. Beschränkt man sich auf einige wenige Kennzahlen, ist die Chance größer, dass das operative Management der Supply Chain auf dem Radarschirm des Topmanagements bleibt. Als KPIs für die oberste Hierarchieebene eignen sich der Servicelevel, der Bestand und die Gesamtkosten der Supply Chain (Abbildung 7-4).

Abbildung 7-4: KENNZAHLENHIERARCHIE

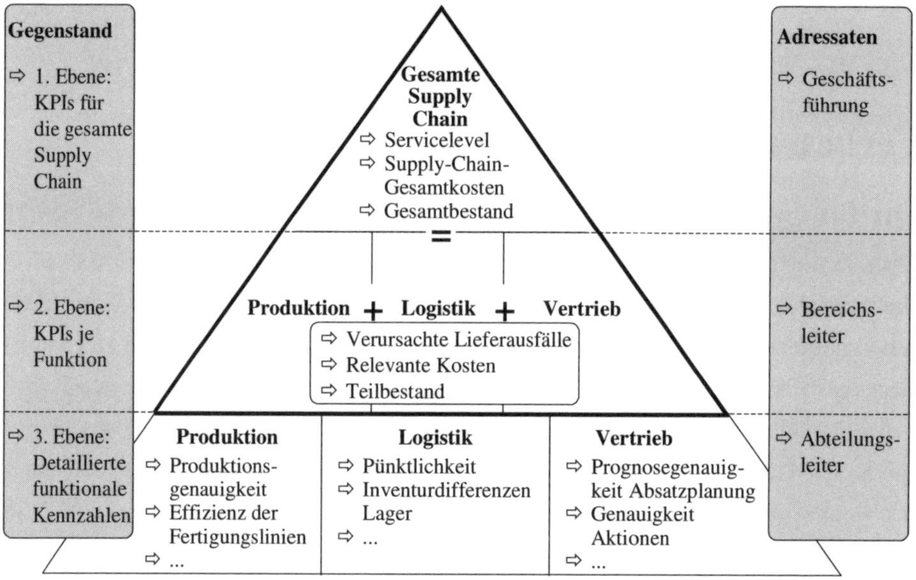

Kennzahlen für jede Ebene der Hierarchie. Kennzahlen zu priorisieren heißt nicht, dass man auf die Erhebung stärker detaillierter oder rein funktional bezogener Größen ganz verzichten sollte. Vielmehr stehen die KPIs an der Spitze einer ganzen Hierarchie von Kennzahlen; auf den Ebenen darunter können nach Bedarf weitere erklärende Größen stehen. Hilfreich beim Arbeiten mit den Kennzahlen ist es auch, die einzelnen KPIs für die unterschiedlichen Adressaten alternativ als absolute Werte (ohne Mengenbezug) und relative Werte (mit Mengenbezug) anzeigen zu lassen: Der relativen Größe Servicelevel für die Geschäftsführungsebene beispielsweise entspricht die absolute Zahl der Lieferausfälle für die Ebene der Bereichsleiter. Ebenso lassen sich die Kosten absolut oder relativ als Kosten pro Stück darstellen. Und für den Bestand ist neben der Kapitalbindung (= absolut) auch die Reichweite (= relativ) von Interesse.

Problemquellen durch Zerlegen der KPIs eingrenzen. KPIs können nur dann analysiert werden, wenn sich die Kennzahlen der übergeordneten Ebene jeweils in Kennzahlen auf untergeordneter Ebene aufsplitten lassen. Weicht beispielsweise der KPI „Bestand" nach oben ab, muss dieser Wert in seine Teilgrößen zerlegt werden können. Dazu bietet sich in erster Linie eine Aufschlüsselung nach Regionen an, bei der der Bestand auf die verschiedenen Vertriebsorganisationen oder Regionallager aufgeteilt wird. So lässt sich klären, ob der Bestand in allen Ländern angestiegen ist oder ob sich diese Entwicklung auf ein Land beschränkt. Derartige Analysen sind in guten Controllingsystemen per Knopfdruck verfügbar, so dass die Problemquelle schnell identifiziert werden kann.

Die Kennzahlen müssen außerdem nach Funktionen aufgeschlüsselt werden können. Bei den Supply-Chain-Gesamtkosten ist die Zuordnung zu Produktion, Logistik und Vertrieb noch relativ einfach; beim Bestand lassen sich zumindest Rohstoffbestände und Fertigwarenbestände leicht voneinander trennen. Etwas schwieriger wird die Aufschlüsselung beim Servicelevel bzw. bei der entsprechenden absoluten Kennzahl Lieferausfälle. Aber auch dafür ist eine verursacherorientierte Zuordnung sinnvoll und möglich (Abbildung 7-5).

Abbildung 7-5: VERURSACHERORIENTIERTE ZUORDNUNG VON LIEFERAUSFÄLLEN

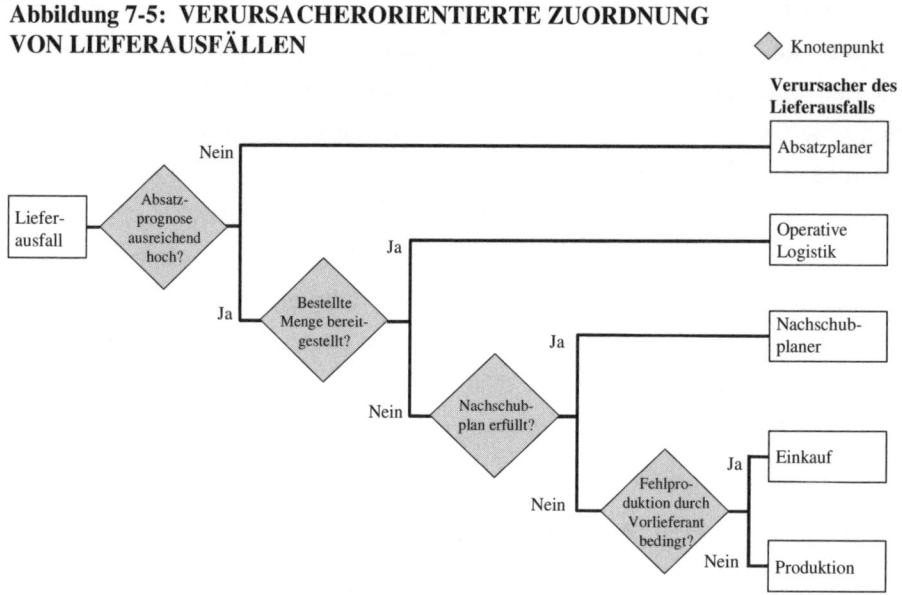

Hat der Vertrieb den Absatz falsch prognostiziert, ist er für Lieferausfälle verant-wortlich. Konnte die Produktion eine vereinbarte Menge nicht fristgerecht bereit-stellen, trägt sie die Verantwortung. Diese Aufschlüsselung der KPIs mag zwar mitunter recht aufwändig sein, sie ist aber sehr hilfreich, um Problemstellen und Verbesserungsmöglichkeiten schnell zu erkennen.

Zusätzlich sinnvoll: detaillierte funktionale Kennzahlen. Außer den KPIs auf Ge-samtebene und funktionaler Ebene sollten Kennzahlen auch auf Ebene der Teilpro-zesse berechnet werden. Sie tragen dazu bei, dass funktionale Problemstellen noch schneller aufgedeckt werden können. So können für die Fertigung beispielsweise die Kennzahlen „Produktionsgenauigkeit" und „Effizienz der Fertigungslinien" erhoben werden, für die Logistik „Lieferpünktlichkeit" und „Inventurdifferenzen" sowie für den Vertrieb die „Prognosegenauigkeit der Absatzplanung." Welche Kennzahlen letztlich gewählt werden, hängt von den Informationsbedürfnissen der einzelnen Funktionen ab – allerdings sollte die Auswahl unternehmensweit abgestimmt werden, damit nicht allzu viele verschiedene Kennzahlen erhoben werden.

2. Schritt: Definitionen abgleichen. Sind die Kennzahlen ausgewählt und ist ihre Hierarchie festgelegt, muss als Nächstes sichergestellt werden, dass die Kennzahlen im gesamten Unternehmen einheitlich definiert sind. Zwar brauchen lokale Manager einen gewissen Spielraum, also zusätzliche Kennzahlen, um auf die für sie relevanten Probleme eingehen zu können; ein Mindestmaß an Standardisierung ist jedoch gerade in Großkonzernen wichtig.

Auch Zwischenlösungen zulassen. Vorreiter sind hier Töchter US-amerikanischer Muttergesellschaften; die meisten von ihnen arbeiten mit weitgehend standardisierten Zahlen. Eine Zwischenlösung kann sein, zunächst einige wenige KPIs zu vereinheitlichen und die Definition der stärker detaillierten Kennzahlen den lokalen Managern zu überlassen. Sobald die Standardisierung dann besser akzeptiert wird, kann das Unternehmen diese auch auf lokaler Ebene vorantreiben.

Auf die Qualität kommt es an. Kennzahlen zu messen ist nur sinnvoll, wenn sie das widerspiegeln, was in der Lieferkette tatsächlich passiert. Denn der Entscheidungsprozess kann noch so effizient und effektiv sein – gute Ergebnisse erzielt er nur, wenn die zu Grunde liegenden Daten stimmen. Und potenzielle Fehlerquellen gibt es viele: Ein Mitarbeiter muss nur einen Lagerzugang oder -abgang fehlerhaft oder gar nicht erfassen, schon arbeitet die Logistik mit falschen Bestandsdaten. Eine unzureichende Datenqualität aber kann die Umsetzung moderner Supply-Chain-Management-Konzepte ernsthaft behindern; die Einführung einer automatischen Auftragsbearbeitung z.B. ist nur dann möglich, wenn dabei auf absolut zuverlässige Daten zurückgegriffen werden kann.

3. Schritt: Kennzahlen sinnvoll einsetzen. Selbst das ausgefeilteste Kennzahlensystem kann seine Wirkung nur dann entfalten, wenn es sinnvoll eingesetzt wird. Der Aufwand für die Gestaltung des Kennzahlensystems und das Erheben der Kennzahlen ist nur zu rechtfertigen, wenn im Gegenzug umfangreiche Verbesserungspotenziale erschlossen werden können. Das setzt voraus, dass die Mitarbeiter das System effektiv nutzen. Dies gelingt am besten mit entsprechenden Anreizen, z.B. indem Mitarbeitern die Verantwortung für bestimmte Kennzahlen übertragen wird. Nur wenn diese sich persönlich für die positive Entwicklung „ihrer" KPIs verantwortlich fühlen, kann die Leistungsmessung zu den angestrebten Verbesserungen führen.

„Neutrale" Mitarbeiter übernehmen Auswertung. Abhängig von den verfügbaren Ressourcen kann es sinnvoll sein, einigen Mitarbeitern als unabhängige Instanz die Verantwortung für die Auswertung und das Benchmarking von Kennzahlen zu übertragen. Denn das Erfassen von Kennzahlen ist kein Selbstzweck, sondern nur dann effektiv, wenn es weitere Analysen ermöglicht und konkrete Handlungen auslöst, die dann im Rahmen eines Controllings regelmäßig überprüft werden. In einem Unternehmen mit einem solch wirkungsvollem Supply Chain Controlling könnte ein Frage- und Antwortdialog beispielsweise so aussehen:

? „Warum ist der Servicelevel so gering, wo liegt das Problem?"

! „Das Problem liegt in Frankreich, bei Produkt A."

? „Was war die Ursache für dieses Servicelevel-Problem?"

! „Die Absatzprognose lag zu weit daneben, weil eine Aktion für Kunde X nicht eingeplant war."

? „Wie können wir so etwas in Zukunft verhindern?"

! „Das Ganze lag an einem Missverständnis zwischen dem Key Accounter und dem Absatzplaner. Wir haben die Kommunikation zwischen den beiden inzwischen verbessert; sie stimmen jetzt einmal wöchentlich ihre Planung miteinander ab."

Supply Chain Controlling im Handel

Systematisches Controlling unverzichtbar. Im Handel ist systematisches Controlling noch wichtiger als in der Industrie: Wie soll man ein Netz von mehreren hundert oder tausend Filialen managen, wenn man nicht auf zuverlässige Daten zurückgreifen kann? Früher verlangte niemand nach Daten und Controlling. Die selbständigen Kaufleute waren autonom und konnten Entscheidungen nah am lokalen Markt treffen. Heute ist es zunehmend unmöglich, ein Handelsunternehmen ohne zentrale Steuerung und ohne Einsatz von IT zu führen.

Konsequenterer Einsatz von Kennzahlen bei Champions. Die Champions im Handel wissen um die Bedeutung von Informationen und erheben die wesentlichen Kennzahlen konsequenter als die Verfolger (Abbildung 7-6). Der Servicelevel der Lieferanten wird von den Champions zu 80% erfasst – von den Verfolgern nur zu 60%. Die Regalverfügbarkeit erheben Champions zu 50%, Verfolger zu 30%. Viele Händler arbeiten allerdings gerade an Systemlösungen, um die Werte für diese Kennzahl in Zukunft besser erfassen zu können.

Abbildung 7-6: VON HÄNDLERN ERHOBENE KENNZAHLEN

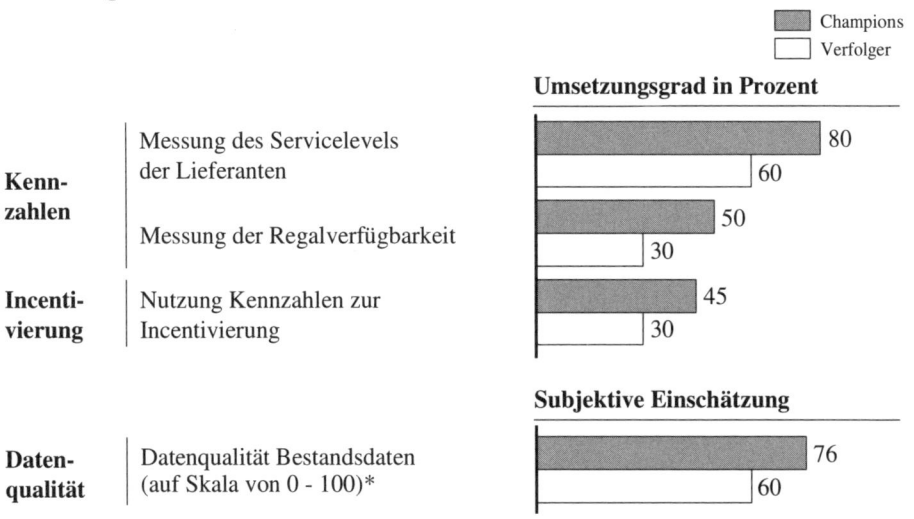

* 0 = schlechte Datenqualität, 100 = sehr gute Datenqualität

Datenqualität zentraler Erfolgsfaktor. Für die Händler ist es besonders schwierig, zuverlässige Daten für die Berechnung der Kennzahlen bereitzustellen, da es hier noch mehr Fehlerquellen gibt als bei den Herstellern. Ein Beispiel, das immer wieder genannt wird, ist der Kassiervorgang: Werden beispielsweise zwei Vanillejoghurts verbucht, aber tatsächlich ein Vanille- und ein Erdbeerjoghurt verkauft, stimmen die Bestandsdaten nicht mehr. Angesichts der hoch komplexen Informationssysteme sind Inkonsistenzen geradezu vorprogrammiert: So kann die Listung eines neuen Produkts 10 bis 15 manuelle Einträge und Änderungen erfordern – das sind 10 bis 15 potenzielle Fehlerquellen. Nach einer Studie von *uccnet* sind bis zu einem Drittel der Informationen in Handelsinformationssystemen falsch. Unsere

Erhebung ergab selbst für die Champions eine relativ geringe Datenqualität von 76 auf einer Skala von 0 (schlechte Datenqualität) bis 100 (sehr gute Datenqualität), für die Verfolger sogar nur eine Datenqualität von 60.

Petra Mostberger von dm-drogerie markt erläutert die Bedeutung von Controlling im Supply Chain Management des Unternehmens:

Controlling auf die Gesamtstrategie abstimmen

Petra Mostberger, dm-drogerie markt, über Supply Chain Controlling im Handel:

dm-drogerie markt erwirtschaftete im vergangenen Geschäftsjahr in über 600 Filialen in Deutschland einen Umsatz von 1,853 Mrd. EUR. Dazu bieten wir unseren Kunden ein drogistisches Sortiment bestehend aus 16.000 Artikeln an, die von über 650 Lieferanten bezogen werden. Die Zusammenarbeit mit unseren Lieferanten ist dabei durchweg partnerschaftlich geprägt. Dieser Kooperationsansatz ist nicht nur in den Partnergrundsätzen der Unternehmensphilosophie verankert, sondern wird im operativen Geschäft auch wirklich gelebt.

Wir bei dm verstehen uns aber nicht nur als Vorreiter bei der Umsetzung einer guten Zusammenarbeit zwischen Industrie und Handel. Gleichzeitig sind wir Innovator bei der Umsetzung von Informationstechnologie im Handel was z.B. im Einsatz unseres dm-Extranets zum Ausdruck kommt. Dieses ist seit Anfang 2001 im Einsatz und verschafft den Lieferanten eine im deutschen Handel beispielhafte Transparenz über Kennzahlen der Bereiche Category Management und Supply Chain Management.

Aus unserer Sicht kommt dem Controlling der Supply Chain ein wesentlicher Stellenwert zu. Dabei steht nicht die Lieferantenbewertung im Vordergrund, sondern vielmehr die gemeinsame Betrachtung der einzelnen Schnittstellen zwischen Industrie und Handel sowie deren Prüfung auf Prozessprobleme bzw. -schwachstellen. Ergänzend zu den bereits ermittelten Leistungskennziffern beschäftigt sich dm bereits seit 1999 mit der Ermittlung weicher Kennzahlen, die die Qualität der Zusammenarbeit aus Sicht der Prozessbeteiligten auf Handels- wie auf Industrieseite erfassen.

Unabdingbar für gemeinsame Prozessbesprechungen und -verbesserungen ist eine definierte und gleiche Datenbasis. Somit kann ohne Zeitverzug reagiert werden, und wir können die Lieferanten bei der Identifikation von Fehlern unterstützen. Dazu geben wir 230 Lieferanten über unser Extranet ständigen Zugriff auf wichtige Informationen, wie z.B. die Abverkaufsdaten, die Liefermengentreue oder Bestandsdaten unserer Verteilzentren und Filialen.

Derzeit stehen wir vor der Einführung eines Prozess-Management-Informationsystems, mit dem wir die Datenbasis für unser Controlling weiter verbessern wollen. Unsere Mitarbeiter und die Lieferanten sollen dadurch über eine ständig aktuelle Informationsbasis verfügen, die sie mit qualitativen (Erreichbarkeit und Kompetenz der Ansprechpartner, Qualität der Stammdaten etc.) und quantitativen Informationen (Bestand, Servicelevel, Rechnungsqualität etc.) versorgt. Änderungen der Daten werden für alle auf Knopfdruck aktualisiert und ermöglichen die zeitnahe Reaktion auf Veränderungen.

Mitarbeiter anhand von KPIs beurteilen. Wie in der Industrie so gilt auch im Handel: Beim Controlling kommt es nicht auf das Ausmaß der Zahlenflut an, sondern auf den Umgang damit und auf die Ergebnisse. Dennoch verzichten viele Handelsunternehmen immer noch darauf, die Leistung ihrer Einkäufer oder Marktleiter anhand funktionaler Kennzahlen zu bewerten. Dadurch lassen sie bedeutende Steuerungsmöglichkeiten ungenutzt: Denn die traditionell verwendeten Umsatz- und Ergebniszahlen reagieren langsamer auf Fehler und zeigen die Ursachen für Probleme weniger deutlich auf als KPIs wie die Regalverfügbarkeit. Kennzahlen werden bei den Champions zu 45% als Basis für Anreizsysteme eingesetzt, aber nur zu 30% bei den Verfolgern.

8. Verbesserungsprogramm – so werden Sie ein Champion

Erfolge garantieren, Scheitern verhindern. Um Verbesserungsprogramme für die Supply Chain erfolgreich umzusetzen, ist ein rigoroses Change Management erforderlich. Die vorliegende Studie – ebenso wie die vielen Supply-Chain-Projekte von Unternehmen, die McKinsey begleitet hat – zeigen ein eindeutiges Handlungsmuster, nach dem exzellente Unternehmen bei der Optimierung oder Neuausrichtung ihrer Supply Chain vorgehen. Wir stellen Ihnen in diesem Kapitel zunächst die wichtigsten Erfahrungsregeln für das Gelingen von Verbesserungen vor. Anschließend beschreiben wir ein Verbesserungsprogramm, nach dem Sie bei der Verbesserung Ihrer Supply Chain vorgehen sollten. Dieses Verbesserungsprogramm hat sich bereits im Einsatz bei mehreren exzellenten Unternehmen bewährt.

2 Fallbeispiele. Eingebettet in dieses Kapitel haben wir 2 Fallbeispiele. Im Anschluss an unsere allgemeinen Ausführungen zur Diagnose einer Supply Chain zeigen wir am Beispiel von Royal Numico, wie im Rahmen einer Supply-Chain-Diagnose Defizite in der Supply Chain identifiziert und die ersten Verbesserungsansätze auf den Weg gebracht wurden. Nach dem Abschnitt über die Umsetzung des Verbesserungsprogramms und das Leistungsmanagement wird am Beispiel von Schwarzkopf & Henkel (Henkel Kosmetik) eine mögliche Vorgehensweise bei einem mehrjährigen Verbesserungsprozess beschrieben.

Die wichtigsten Erfahrungsregeln für das Gelingen von Verbesserungen

Regel 1: Stellen Sie alle wichtigen Supply-Chain-Kernprozesse innerhalb Ihres eigenen Unternehmens, zwischen Ihrem Unternehmen und den Kunden sowie zwischen Ihrem Unternehmen und externen Partnern infrage!

Supply Chain Management ist ein umfassendes Thema und betrifft alle Funktionen im Unternehmen, Kunden und andere externe Partner eingeschlossen – also alle, die die unternehmensweite Supply-Chain-Leistung mitbestimmen. Das wissen erfolgreiche Unternehmen und fragen beim Stichwort Supply Chain nicht nur nach den klassischen Logistikkosten wie Bestands-, Transport- oder Lagerkosten, sondern suchen auch Antworten auf folgende Fragen: Welche zusätzlichen Kundensegmente können wir vertrieblich erschließen, wenn wir die Lieferzeiten drastisch reduzieren? Welche Abschriften wären vermeidbar, wenn wir die Abrufe durch die Kunden online erfassen und sofort bedienen würden? In welchem Umfang könnten wir Produktionskosten einsparen, wenn wir keine späten Änderungswünsche von Auftragsabwicklung und Vertrieb mehr berücksichtigen müssten? Was wäre, wenn Lieferanten sehr viel kurzfristiger und flexibler liefern könnten?

Im Zusammenhang mit diesen Fragen geht es um Kosteneinsparpotenziale in ganz anderen Größenordnungen als bei den typischen Logistikkosten, die meist nur ca. 5% des Umsatzes ausmachen. In Unternehmen, die eine solche ganzheitliche Perspektive einnehmen, erkennt das Topmanagement die Wichtigkeit und die Chancen einer exzellenten Supply-Chain-Leistung und setzt entsprechende Prioritäten für mögliche Verbesserungen. Idealerweise wird Supply Chain Management damit zur „Chefsache".

Regel 2: Bestimmen Sie detailliert den Status Ihrer eigenen Supply-Chain-Leistung!

Jeder systematische Veränderungsprozess sollte mit einer Detailanalyse der Stärken und Schwächen des eigenen Unternehmens beginnen. Dabei sollten Sie die kritischen Supply-Chain-Prozesse im Hinblick auf Defizite untersuchen und bewerten sowie darauf aufbauend Verbesserungsansätze bestimmen.

Beantworten Sie dazu für sich die folgenden Fragen: Welche Stärken und Schwächen hat unser Unternehmen in Bezug auf die Supply Chain? Welche Verbesserungsansätze sollten wir mit höchster Priorität im nächsten Verbesserungsschritt angehen? Und was ist am wichtigsten: die Steigerung des Servicelevels gegenüber den Kunden, die verbesserte Produktionsstabilität in den eigenen Werken, oder stehen doch noch andere interne Effizienzlücken im Vordergrund?

Exzellente Unternehmen bestimmen den Status ihrer Supply Chain regelmäßig. Dazu haben sie ein Supply Chain Controlling (KPI- und/oder Scorecard-System) entwickelt, das es auch dem Topmanagement ermöglicht, monatlich oder quartalsweise eine klare Standortbestimmung und damit eine Priorisierung der Ansätze für kontinuierliche Verbesserungen vorzunehmen.

Regel 3: Fordern Sie Verbesserungsvorschläge von allen unternehmensinternen Funktionen ein, binden Sie auch externe Partner unbedingt mit ein!

Erfolgreiche Supply-Chain-Verbesserungen bedeuten Veränderungen für fast alle Funktionen im Unternehmen, erfordern aber fast immer auch eine veränderte Kommunikation mit Kunden, Lieferanten oder anderen externen Partnern, z.B. Transportunternehmen. In vielen Fällen werden Sie nur kleinere Prozessverbesserungen vornehmen, bisweilen aber auch komplett neue Formen der Interaktion mit Ihren Partnern entwickeln müssen. In jedem Fall resultieren aus diesen Veränderungen auch Anpassungen der IT, Verschiebungen bei den innerbetrieblichen Kompetenzen, Nachfrage nach Fähigkeiten, die bei den Mitarbeitern evtl. noch nicht oder nicht in ausreichendem Maße vorhanden sind etc.

Um die für die Verbesserung der Supply-Chain-Leistung notwendigen Maßnahmen zu entwickeln und später auch umsetzen zu können, ist daher vor allem eines notwendig: die systematische, funktionsübergreifende und rechtzeitige Einbindung aller wichtigen Funktionen, Kunden und Partner in die Verbesserungsbemühungen. Zu Beginn des Veränderungsprozesses gilt es daher, 3 wichtige Fragen zu beantworten: Wie bewertet der Kunde uns als Zulieferer gegenüber unseren Wettbewerbern? Wo müssen wir am dringendsten handeln, um die Erwartungen unserer Kunden zu erfüllen? Und: In welche Richtung werden sich künftig die Servicelevel-Erwartungen der Hauptmärkte und -kunden entwickeln?

Mit den Antworten auf diese Fragen im Hinterkopf untersuchen Sie dann die entsprechenden Prozesse: Wie übersetzen Planung und Auftragsmanagement die

Kundenerwartungen in unser Unternehmen? Wie flexibel ist unsere Produktion – und wer steuert sie und setzt Prioritäten für die typischen späten Programmänderungen? Wie flexibel kann bzw. soll die Beschaffung reagieren, und wie funktionieren letztlich die Lieferung von Fertigprodukten über Lager sowie das jeweilige Bestandsmanagement? Nur sehr wenige, unter diesen jedoch mehrheitlich die erfolgreichen Unternehmen haben bisher auf der Grundlage dieser Fragen klare Spielregeln für ihr Supply Chain Management entwickelt.

Regel 4: Planen und takten Sie die Umsetzung von Supply-Chain-Veränderungen richtig!

Die Umsetzung von Supply-Chain-Veränderungen im Unternehmen muss zeitlich richtig getaktet werden. Viele Easy Wins lassen sich schnell umsetzen: Die Neuberechnung von Sicherheitsbeständen ist sofort möglich, die Messung von wichtigen Kennzahlen lässt sich mit etwas manuellem Aufwand zügig einrichten, selbst Planungsprozesse und Spielregeln können rasch angepasst werden. Andere Veränderungen brauchen mehr Zeit: Lagerstrukturen lassen sich z.B. nur in Ausnahmefällen über Nacht anpassen – die Abwicklung von Mietverträgen, der Ausbau der beizubehaltenden Lager und der Aufbau der Kundenversorgungswege aus anderen Regionen benötigen einen längeren Vorlauf.

Entsprechend planen exzellente Unternehmen die Umsetzung von Veränderungen sehr genau und verstehen Verbesserungen als einen kontinuierlichen Prozess. In den allermeisten Fällen starten sie mit einem Pilotprojekt, das eine komplette Kette abbildet – von der Beschaffung bis zum Kunden, häufig auch nur für eine wichtige Produktgruppe. An diesem Piloten wird die Umsetzung erprobt und das notwendige Fine-Tuning der neuen Prozessabläufe bzw. der IT-Veränderungen vorgenommen. Erst im Anschluss daran gehen sie die nächsten Piloten an, dafür dann allerdings schneller und konsequenter. Die Umsetzungsarbeiten müssen bis zu ihrem Ende nach oft deutlich mehr als einem Jahr kontinuierlich vom Management begleitet werden. Die Schaffung solcher in sich geschlossenen Piloten – wir sprechen auch von Mikrokosmen – ist ein klares Erfolgsrezept vieler Supply Chain Champions.

Ausgangspunkt für Verbesserungen: die Supply-Chain-Diagnose

Vom Status quo zum Handlungsplan. Bei der Verbesserung Ihrer Supply Chain starten Sie mit einer Analyse und Bewertung des Status quo. Zuerst untersuchen Sie, wo in Ihrem Unternehmen die größten Leistungsdefizite bestehen und welche Bereiche der Supply Chain das größte Potenzial für Verbesserungen aufweisen. Diese Bereiche nehmen Sie dann genauer unter die Lupe und leiten dabei Ansätze zur Verbesserung Ihrer Supply-Chain-Leistung ab. Anschließend priorisieren Sie die Verbesserungsansätze. Dazu ist allerdings kein monatelanger Analyseprozess notwendig; in der Regel kann eine fundierte Einschätzung der Supply-Chain-Leistung und eine klare Ableitung von Prioritäten innerhalb von 2 Wochen durchgeführt werden (Abbildung 8-1). Danach führen Sie für die priorisierten Bereiche mit Leistungsdefiziten weitere, detaillierte Ursachenanalysen durch und erarbeiten ein Umsetzungsprogramm.

Abbildung 8-1: ABLAUF EINER 2-WOCHEN-DIAGNOSE

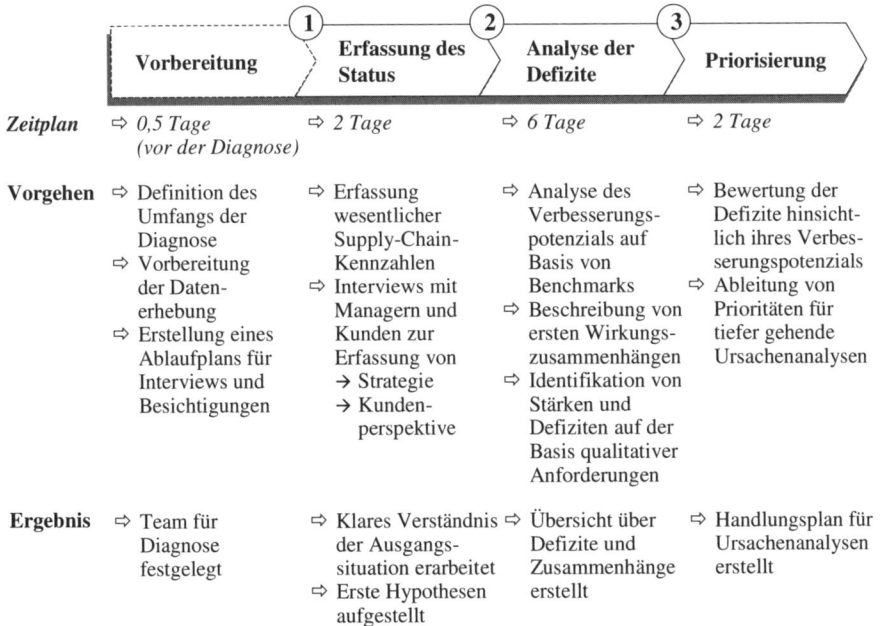

1. Schritt: Status erfassen. Die Diagnose beginnt mit einer Standortbestimmung: Wo stehen wir bei der Umsetzung unserer Supply-Chain-Strategie? Welche Supply-Chain-Leistung erreichen wir? Welche Stärken und Schwächen hat unser Unternehmen in puncto Supply Chain? Einen ersten Ansatzpunkt bieten die Kosten- und Finanzdaten Ihres Unternehmens. Anschließend sollten auch Prozesskennzahlen aus der Supply Chain bestimmt werden. Viele Unternehmen verfügen durch ihr Supply Chain Controlling und die dort gemessenen Kennzahlen bereits über eine solide Basis für eine Standortbestimmung. Wenn Ihnen jedoch noch Daten fehlen, müssen Sie sie zu diesem Zeitpunkt erheben, um eine umfassende Bewertung des Status zu ermöglichen.

Vertrieb einbinden und Kunden befragen. Ein wichtiges Element bei der Beurteilung des Status quo ist auch die Erwartungshaltung der Kunden: Deren Anforderungen an Servicelevel, Lieferzeiten und Flexibilität sowie die künftige Entwicklung der Servicelevel-Erwartungen – all dies sind Themen, die Sie im Rahmen von Kundeninterviews abfragen sollten. „Und wo 'hakt' es Ihrer Meinung nach in unserer Supply Chain?" – stellen Sie diese Frage einmal Ihren Kunden, und Sie werden überrascht sein, welche wertvollen Erkenntnisse Sie aus den Antworten gewinnen.

Nicht zu vergessen sind auch die Befragung der internen Kunden und die Erfassung ihrer Anforderungen. Was erwartet der Vertrieb von der Produktion? Welche Auswirkungen hat die Verbesserung in einem Bereich, z.B. der Zuverlässigkeit der Produktion, auf die Gesamtleistung?

Jede Diagnose und Optimierung der Supply Chain sollte unbedingt mit einer Analyse der Kundenanforderungen beginnen.

Kundenanforderungen berücksichtigen. Der Trend zu immer höheren Anforderungen von Seiten der Kunden ist unübersehbar und wird auch in Zukunft anhalten. Im Automobilsektor werden manche Anlieferungen bereits innerhalb eines 10-Minuten-Fensters erwartet. Die Lieferzeit beinhaltet dort nur noch die minimale Transportdauer vom Lager des Lieferanten zum Abnehmer; das Fertigproduktlager des Zulieferers muss also immer gut bestückt sein. Auch wenn die deutschen Händler von Konsumgütern derzeit noch weniger strikte Anforderungen stellen, erreichen die besten Konsumgüterhersteller bereits heute einen Servicelevel von annähernd 100%.

Für den Hersteller ist es wichtig herauszufinden, was aus Sicht der Kunden ein wirklicher Leistungssprung wäre. Legen die Kunden vor allem Wert auf kürzere Lieferzeiten, auf höhere Lieferfrequenzen oder auf besondere Zusatzleistungen wie die flexible Erstellung von Displays? Die Supply Chain muss vor allem den Prioritäten der Kunden Rechnung tragen, um als Differenzierungsmerkmal im Wettbewerb dienen zu können.

Ausgangssituation klar darstellen. Das Ergebnis des ersten Schritts besteht in einem ersten Verständnis Ihrer Ausgangssituation, das die Defizite der Supply Chain genauso klar und realistisch darstellt wie deren Stärken und die Wirkung bereits gestarteter Verbesserungsinitiativen. Auf dieser Basis können Sie nun erste Hypothesen aufstellen: Hat die Supply Chain ein Kostenproblem, oder mangelt es eher am Service? Aus den Hypothesen leiten Sie Ihre Prioritäten bei der folgenden Analyse der Defizite ab.

2. Schritt: Analyse der Defizite. Der zweite Schritt setzt bei den identifizierten Hauptdefiziten an. Zunächst verbreitern Sie die Basis Ihrer Analyse und bewerten das Verbesserungspotenzial. Dazu können Sie Benchmarks heranziehen, und zwar sowohl interne, z.B. aus dem Vergleich der verschiedenen Werke, als auch externe, z.B. aus dem Vergleich mit anderen Unternehmen der Branche. Zusätzlich können Verbesserungspotenziale durch Simulationsmodelle, z.B. für unterschiedliche Methoden im Bestandsmanagement, konkretisiert werden. An dieser Stelle können Sie darüber hinaus Ziele für die Supply Chain bestimmen, die sich aus der Strategie Ihres Unternehmens ableiten. Die Gegenüberstellung von Status und Benchmarks bzw. Zielen sowie die Quantifizierung der auftretenden Lücken für das Unternehmensergebnis machen schnell deutlich, welche Problemfelder priorisiert werden sollten (Abbildung 8-2).

3. Schritt: Priorisierung. Ein gutes Verbesserungsprogramm konzentriert sich auf die wichtigsten und wirkungsvollsten Stellhebel. Es geht nicht darum, 10 oder 20 Maßnahmen aus blindem Aktionismus anzuschieben oder den neuesten Supply-Chain-Trends zu folgen, ohne zuvor deren mögliche Ergebnisse für die eigene Supply Chain – und vor allem für die Kundenbeziehung – detailliert abgeschätzt zu haben. Gute Unternehmen priorisieren die 4 bis 5 wichtigsten Verbesserungen, die

Abbildung 8-2: PRIORISIERUNG DER EINZELNEN PROBLEM-FELDER ANHAND DES VERBESSERUNGSPOTENZIALS

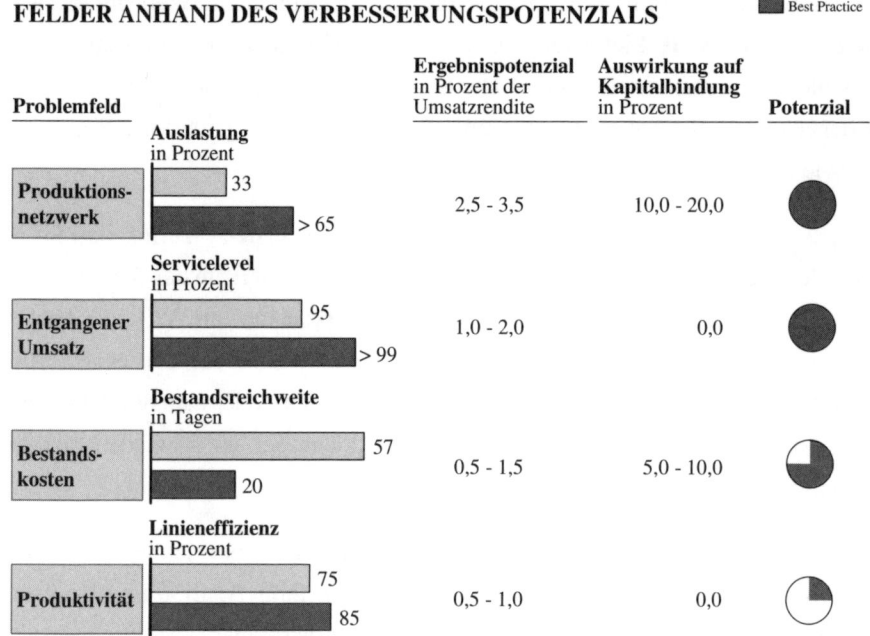

sie erreichen wollen, und setzen ihre gesamte Energie dafür ein, diese flächendeckend bei den wichtigsten Kunden sowie in den wichtigsten Regionen und Werken umzusetzen. Nachdem die identifizierten Defizite und Verbesserungspotenziale priorisiert sind, wird ein Handlungsplan mit einem ersten Zeitplan für die Konkretisierung und Umsetzung der Ansätze erstellt.

Detailanalysen konkretisieren die Ansätze. Im Rahmen einer ersten Diagnose lassen sich die wesentlichen Hebel zur Verbesserung einer Supply Chain meist schnell – in der Regel reichen dafür 2 Wochen – identifizieren. Die priorisierten Ansätze müssen dann durch weiter gehende Analysen detaillierter untersucht werden. Der Schwerpunkt in dieser Phase des Verbesserungsprogramms muss darauf gelegt werden, die tiefer liegenden Ursachen für Defizite zu erkennen und daraus Lösungsmöglichkeiten abzuleiten. Am Beispiel von Royal Numico im folgenden Abschnitt wird deutlich, wie eine erste Diagnose durch die Ursachenanalyse, z.B. für Lieferausfälle, fortgeführt werden kann.

Royal Numico: Babynahrung auf hohem Serviceniveau

Gastbeitrag von Royal Numico

Um diese Marke zu kennen, muss man keine Kinder haben: Milupa ist in Kontinentaleuropa ein Synonym für Kindernahrung. In den Beneluxstaaten firmieren die Produkte unter dem Namen Nutricia, in Großbritannien unter Cow & Gate. Hergestellt werden alle 3 Dachmarken von Numico Infant Nutrition, einem der 3 Geschäftsbereiche von Royal Numico, Holland. Neben Babynahrung produziert das Unternehmen klinische Ernährung und Vitaminpräparate.

Numico Infant Nutrition ist mit einem Umsatz von 1 Mrd. EUR die Nummer 2 auf dem europäischen Markt für Babynahrung. Hauptwettbewerber sind Nestlé, Danone (Frankreich) und Hipp (Deutschland).

Gute Ergebnisse, ernst zu nehmende Warnsignale

Der Geschäftsbereich Infant Nutrition stand im Jahr 2002 hervorragend da: Er beeindruckte mit einer Gesamtentwicklung, deren wichtigste Kennzahl ein durchschnittliches jährliches Wachstum von 14% in den vergangenen 10 Jahren ist (Abbildung 1).

Abbildung 1: GESCHÄFTSENTWICKLUNG NUMICO INFANT NUTRITION GROUP (BABYNAHRUNG)

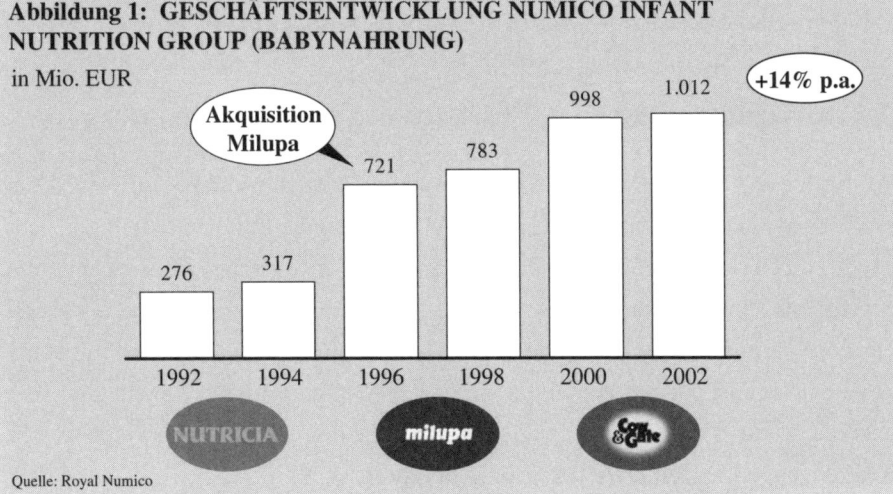

in Mio. EUR

Akquisition Milupa

+14% p.a.

| 276 | 317 | 721 | 783 | 998 | 1.012 |
| 1992 | 1994 | 1996 | 1998 | 2000 | 2002 |

Quelle: Royal Numico

Bei näherem Hinsehen erfüllte jedoch die Performance der Supply Chain nicht
die Kundenerwartungen und lag unter dem Industriedurchschnitt. Verantwortlich
dafür waren erhebliche Defizite im Service und Warenbestand sowie zu hohe
Supply-Chain-Kosten. So lag das Serviceniveau je Orderposition nur bei ca. 93%
gegenüber Best Practice von über 98,5%, auf Gesamtorderebene lag es sogar nur
bei 60 bis 80%. Hinzu kamen – trotz oder besser: wegen des niedrigen Serviceniveaus – hohe Fertigwarenbestände von rund 50 Tagen. Hier zeigte sich wieder
einmal die direkte Korrelation zwischen niedrigem Serviceniveau und hohen
Fertigwarenbeständen (Abbildung 2).

Abbildung 2: HOHE FEHLBESTÄNDE TROTZ VOLLER LÄGER

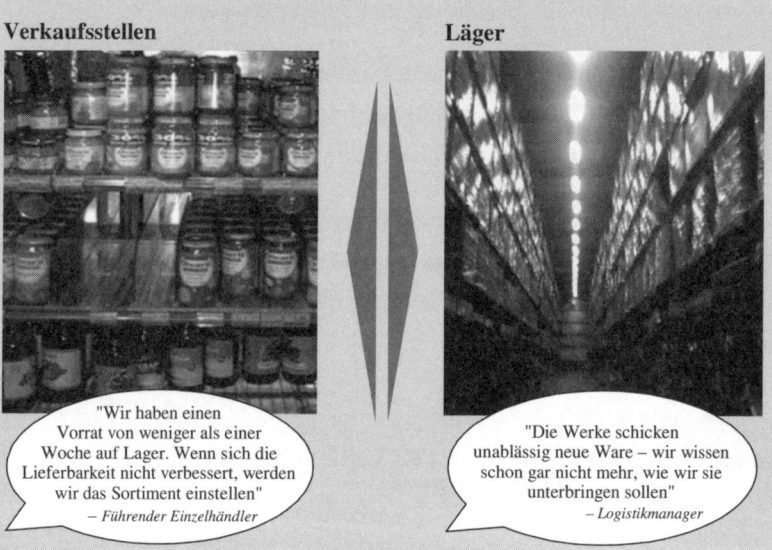

Quelle: Royal Numico, Kundenbefragungen

Woran lag es, dass die Supply Chain derartige Leistungsdefizite aufwies? Eine
grobe erste Analyse ergab als einen der Hauptgründe die fragmentierte bzw. nicht
integrierte Gesamtkette. Sie war das Ergebnis einer historischen Entwicklung, die
geprägt war durch Akquisitionen und eine stark nationale Ausrichtung. So waren
die einzelnen Bereiche (Vertrieb, Zentrale Planung, Produktion und Einkauf)
zwar gut organisiert und bemühten sich nach Kräften um gute Leistungen; ihre
unzureichende Verknüpfung in Bezug auf Planung und Prozesse setzte den
Anstrengungen jedoch klare Grenzen (Abbildung 3).

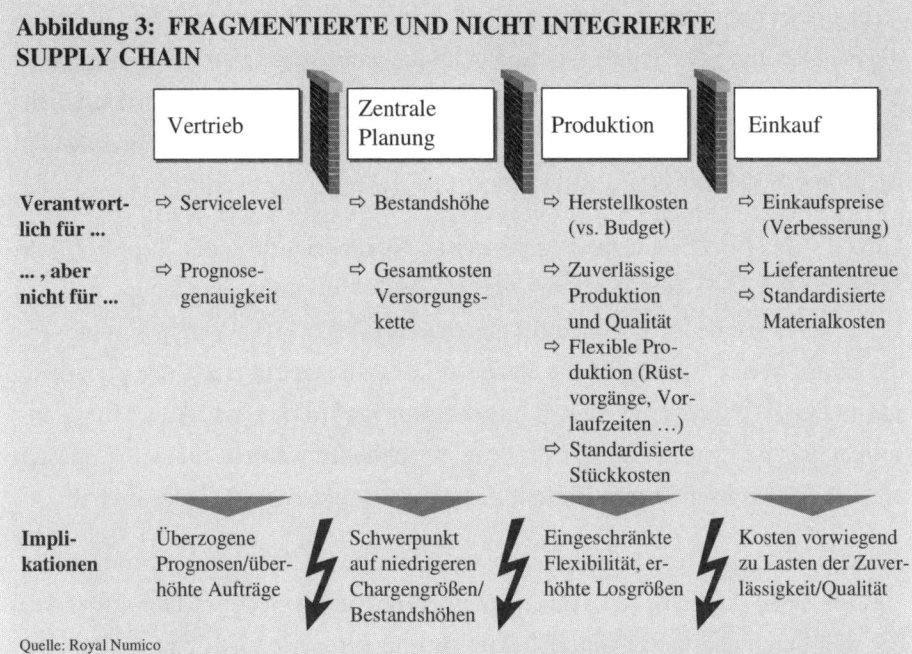

Abbildung 3: FRAGMENTIERTE UND NICHT INTEGRIERTE SUPPLY CHAIN

	Vertrieb	Zentrale Planung	Produktion	Einkauf
Verantwortlich für ...	⇨ Servicelevel	⇨ Bestandshöhe	⇨ Herstellkosten (vs. Budget)	⇨ Einkaufspreise (Verbesserung)
... , aber nicht für ...	⇨ Prognosegenauigkeit	⇨ Gesamtkosten Versorgungskette	⇨ Zuverlässige Produktion und Qualität ⇨ Flexible Produktion (Rüstvorgänge, Vorlaufzeiten ...) ⇨ Standardisierte Stückkosten	⇨ Lieferantentreue ⇨ Standardisierte Materialkosten
Implikationen	Überzogene Prognosen/überhöhte Aufträge	Schwerpunkt auf niedrigeren Chargengrößen/ Bestandshöhen	Eingeschränkte Flexibilität, erhöhte Losgrößen	Kosten vorwiegend zu Lasten der Zuverlässigkeit/Qualität

Quelle: Royal Numico

Die Fragmentierung äußerte sich in unterschiedlichen Leistungsparametern pro Funktion, die sich teilweise sogar widersprachen. So wurde etwa der Vertrieb am Serviceniveau gemessen, die Zentrale Planung jedoch am Bestand. Folglich war es nur allzu verständlich, dass beide nicht am selben Strang zogen: Der Vertrieb wollte seinen Service durch hohe Bestände und teilweise überzogene Forecasts absichern, die Zentrale Planung wollte durch knappe Bestände Effizienz demonstrieren. Ein weiteres Kennzeichen der Fragmentierung war, dass kein Gesamtoptimum für alle Funktionen festgelegt wurde. Hierzu hätte man das Optimum aus Mindestserviceniveau (auf Basis der Kundenanforderungen pro Segment), optimaler Produktionsfrequenz und Sicherheitsbeständen ermitteln müssen. Und schließlich manifestierte sich die mangelnde Integration der Supply Chain in parallelen, unkoordinierten Prozessen zwischen einzelnen Vertriebseinheiten und Produktionsstandorten. Beispielsweise erhielt ein und derselbe Produktionsstandort von einer Vertriebseinheit den Produktionsplan und von einer anderen die Absatzplanung. Die kostenoptimale Zusammenführung der Absatz-, Bedarfs- und Produktionspläne war so kaum zu erreichen.

Neben der Fragmentierung bewirkte das Fehlen von Transparenz eine unbefriedigende Leistung der Supply Chain. Ein monatliches, aggregiertes Reporting aller Vertriebseinheiten und Produktionsstandorte fehlte ebenso wie eine einheitliche Definition von Kennzahlen – so existierten allein 7 verschiedene Definitionen des Begriffes „Serviceniveau".

LINK! – das Programm zur europaweiten Neuausrichtung der Supply Chain
Mitte 2002 kamen mit Jan Bennink ein neuer Vorstandsvorsitzender und mit Niraj Mehra ein neuer Vorstand für Operations (COO) in die Verantwortung. Für die beiden neuen Führungskräfte stand fest, dass die Optimierung der Lieferkette mit höchster Priorität in Angriff genommen werden musste. Alle Mitarbeiter sollten in den Verbesserungsprozess eng eingebunden werden, zumal die meisten eine große Bereitschaft zum Herbeiführen von Veränderungen signalisierten.

Für das Vorhaben wurde das europaweite Projekt LINK! ins Leben gerufen. Dessen Ziele: Aufbau eines einheitlichen europäischen Supply-Chain-Prozesses, der sich durch spürbar erhöhte Effektivität und Effizienz auszeichnet; Erreichen eines Serviceniveaus, das den Kundenwünschen entspricht (d.h. > 98,5% bezogen auf Orderpositionen) und durch perfekte Qualität überzeugt; und schließlich die nachhaltige Senkung der internen Warenbestände um kurzfristig bis zu 25% und langfristig bis zu 50%.

Das Projekt begann mit einer gründlichen Suche nach den Wurzeln des Übels – mit einer so genannten Root-Cause-Analyse. Es galt, nach den Gründen für das niedrige Serviceniveau und die hohen Warenbestände zu forschen und die Lücken einzelnen Funktionen zuzuordnen. War z.B. das niedrige Serviceniveau das Resultat einer mangelnden Zuverlässigkeit des Forecasting oder einer unbefriedigenden Produktionszuverlässigkeit? Beruhte der hohe Warenbestand auf einer unpassenden Produktionsfrequenz, oder handelte es sich um Sicherheitsbestände für Lieferantenausfälle? Wie sich herausstellte, lagen die Probleme in allen Bereichen der Supply Chain, insbesondere in der mangelnden horizontalen Verzahnung aller beteiligten Bereiche (Abbildung 4).

In einem weiteren Schritt wurden für die Ausgestaltung des neuen Supply-Chain-Prozesses mehrere Grundprinzipien formuliert. Erstes Grundprinzip war, dass

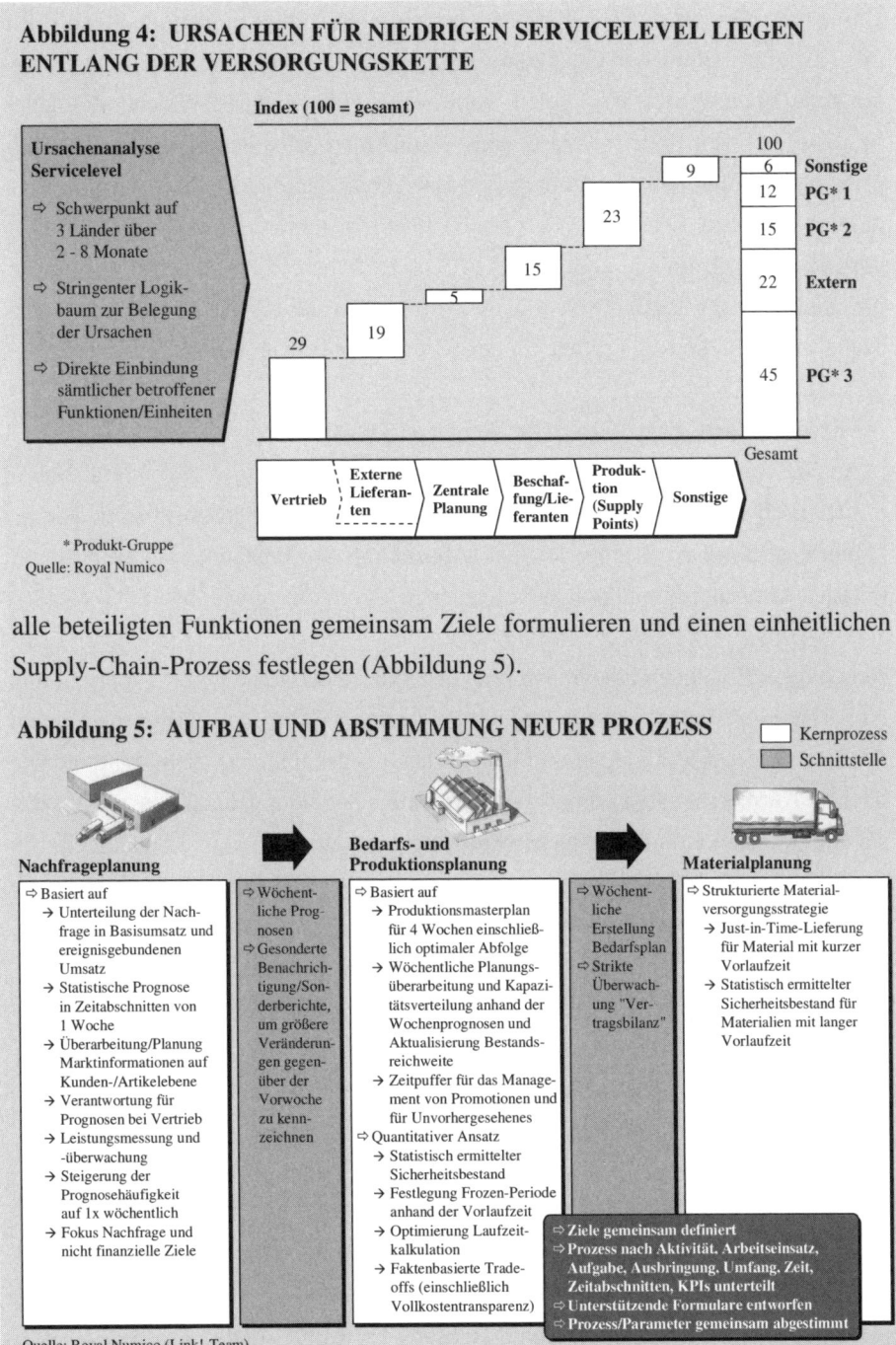

Abbildung 4: URSACHEN FÜR NIEDRIGEN SERVICELEVEL LIEGEN ENTLANG DER VERSORGUNGSKETTE

alle beteiligten Funktionen gemeinsam Ziele formulieren und einen einheitlichen Supply-Chain-Prozess festlegen (Abbildung 5).

Abbildung 5: AUFBAU UND ABSTIMMUNG NEUER PROZESS

Das zweite Grundprinzip lautete, in Gemeinschaftsarbeit eindeutige Regeln für die Zusammenarbeit der einzelnen Funktionen aufzustellen. Dabei ging es um konkrete Fragen wie: Wer liefert was, wann und an wen? Welche Zeitdauer besitzt die Frozen Period? Wie werden Ausnahmen behandelt? Das dritte Grundprinzip bestand in einer faktenbasierten Entscheidungsfindung: Die optimale Produktionsfrequenz (wöchentlich, zweiwöchentlich, monatlich oder nach Bedarf) wird fortan nach klaren, abgestimmten Standards berechnet. Das gilt ebenso für die Sicherheitsbestände (z.B. für Nachfrageschwankungen) und Produktionssequenzen, d.h. die Reihenfolge, in der verschiedene Artikel produziert werden.

Faktenbasierte Festlegung von Sicherheitsbeständen

An die Stelle einer Pauschaldefinition von Sicherheitsbeständen trat eine statistisch untermauerte Festlegung mit Hilfe einfacher Algorithmen. Dies führte in Summe zu einer leichten Absenkung der Bestände, bei einzelnen bisher kritischen Produkten jedoch auch zu einer Anhebung.

Neben diese Prinzipien traten auch grundlegende Neuerungen in der Supply Chain. Neu eingeführt wurde beispielsweise die Segmentierung der Nachfrage anhand der Nachfrageschwankungen und der Vorhersagegenauigkeit (Abbildung 6). Die höchste Aufmerksamkeit kann so gezielt auf das Segment gelenkt werden, für das sie am nötigsten ist: auf die nicht vorhersagbaren Bedarfe. Dabei handelt es sich um Bedarfe, die häufig vom Forecast abweichen und gleichzeitig starken Nachfrageschwankungen unterliegen.

Forecasting

Der Vertrieb trägt nun die klare Verantwortung für maximale Vorhersagegenauigkeit. Die Absatzplanung wird wöchentlich mit dem Ist-Absatz abgeglichen, diskutiert und aktualisiert, um so eine schnelle Identifikation von potenziellen Lieferengpässen sowie eine Reaktion darauf zu ermöglichen.

Erste Projekterfolge ließen nicht lange auf sich warten. Bereits nach 6 Wochen im Test konnte der Servicegrad in einer Vertriebseinheit von 93% auf über 98% je Orderposition gesteigert werden. Insgesamt hat LINK! in der gegebenen Infra-

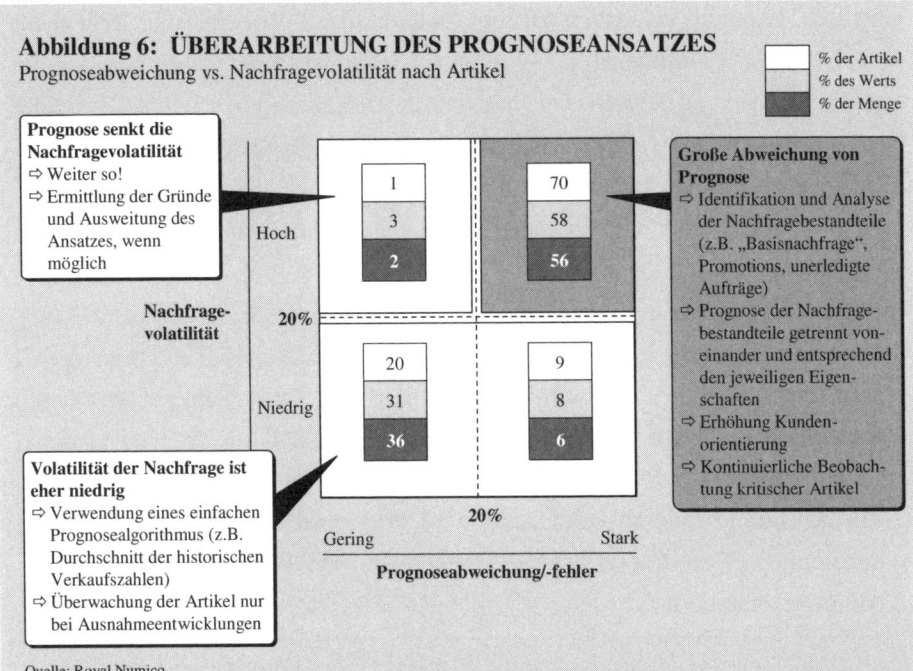

Abbildung 6: ÜBERARBEITUNG DES PROGNOSEANSATZES
Prognoseabweichung vs. Nachfragevolatilität nach Artikel

% der Artikel
% des Werts
% der Menge

Prognose senkt die Nachfragevolatilität
⇨ Weiter so!
⇨ Ermittlung der Gründe und Ausweitung des Ansatzes, wenn möglich

Große Abweichung von Prognose
⇨ Identifikation und Analyse der Nachfragebestandteile (z.B. „Basisnachfrage", Promotions, unerledigte Aufträge)
⇨ Prognose der Nachfragebestandteile getrennt voneinander und entsprechend den jeweiligen Eigenschaften
⇨ Erhöhung Kundenorientierung
⇨ Kontinuierliche Beobachtung kritischer Artikel

Volatilität der Nachfrage ist eher niedrig
⇨ Verwendung eines einfachen Prognosealgorithmus (z.B. Durchschnitt der historischen Verkaufszahlen)
⇨ Überwachung der Artikel nur bei Ausnahmeentwicklungen

Nachfragevolatilität
Hoch
20%
Niedrig

1 / 3 / 2   70 / 58 / 56
20 / 31 / 36   9 / 8 / 6

20%
Gering   Stark
Prognoseabweichung/-fehler

Quelle: Royal Numico

struktur das Serviceniveau flächendeckend auf über 99% erhöht. Die Supply-Chain-Ergebnisse werden nun regelmäßig in Form einer Supply Chain Scorecard aufbereitet sowie in wöchentlichen Cockpit-Meetings diskutiert und Maßnahmen eingeleitet. Darüber hinaus hat sich in allen beteiligten Bereichen – Vertrieb, Planung, Produktion und Einkauf – eine neue Kultur etabliert. Alle wissen nun, dass der Kunde im Mittelpunkt steht. Zudem ist deutlich geworden, dass alle Beteiligten ein gemeinsames Ziel verfolgen und deshalb bei der täglichen Arbeit an einem Strang ziehen müssen.

Für diese Erfolge gibt es mehrere gute Gründe. Zu den Haupterfolgsfaktoren zählt zunächst einmal das klare – und von allen geteilte! – Verständnis, welche Anforderungen die Kunden an das Unternehmen stellen. Dann müssen die neuen Prozesse genau auf die Bedürfnisse des Marktes zugeschnitten sein, damit sie ihre Wirkung zeigen. Und schließlich gilt es, alle Funktionen vom Vertrieb bis zum Einkauf in die Prozessentwicklung und -einführung einzubinden. Denn nur wer mitreden darf, kann sich später mit den Neuerungen identifizieren und diese mittragen. Ebenfalls unverzichtbar: ein faktenbasiertes Vorgehen. Es geht nicht darum, einzelnen Funktionen für bestimmte Missstände eine Schuld zuzuweisen, sondern Defizite so objektiv wie möglich aufzudecken. Nicht zuletzt bedeutet dies, alle Ergebnisse kontinuierlich zu überprüfen. Fehlentwicklungen müssen rechtzeitig zu Tage treten, damit Gegensteuern möglich wird. Außerdem: Erste Erfolge werden gebührend gefeiert, das ist Dank und Ansporn zu weiterem Engagement zugleich.

Cockpit-Meetings

Jede Woche besprechen nun Vertreter aller relevanten Funktionen einer Supply Chain (Vertrieb, Planung, Produktion, Einkauf) die Ergebnisse der letzten Woche, die Planung für die Folgewochen sowie spezielle kritische Themen und Lösungsansätze. Dabei wird jeder einzelne Lieferausfall einer detaillierten „Root-Cause-Analyse" unterzogen, um Wiederholungen nachhaltig zu verhindern.

Wie geht es weiter?

Nachdem sich nun der neue Supply-Chain-Prozess sowie die neue Denkweise eingespielt haben, stehen weitere Themen der Supply-Chain-Optimierung auf der Agenda. Am Beginn der Kette sollen Lieferanten enger eingebunden werden, am Ende der Kette werden Kooperationen mit Kunden angestrebt. Nach den guten Erfahrungen mit der Nachfragesegmentierung sollen die Bedarfe zukünftig noch dedizierter segmentiert werden. Last but not least steht eine Optimierung der Rüstzeiten an, was eine weitere Erhöhung der Produktionsfrequenzen verspricht. Daraus würde ein Mehr an Flexibilität ebenso resultieren wie ein weiteres Absinken der Bestände.

Royal Numico
Kontakt: Eric Koch
P.O. Box 1
NL-2700 MA Zoetermeer

Umsetzung der Verbesserungsansätze und Leistungsmanagement

Ideen konkretisieren. Durch die Detailanalyse der Defizite haben Sie die tiefer liegenden Ursachen für die Probleme Ihrer Supply Chain aufgedeckt. Dabei haben Sie auch schon Verbesserungsideen entwickelt, die aber noch nicht durchstrukturiert und ausgefeilt sind. Dies zu tun, stellt nun den ersten Schritt der Umsetzung dar. Hier gilt es also, zunächst die Verbesserungsideen zu konkretisieren und im Anschluss daran ein komplettes Verbesserungsprogramm aufzuzeichnen. Schließlich setzen Sie die Verbesserungsansätze um – zunächst im kleinen Umfang innerhalb von Piloten, dann im Rahmen eines Rollout in der gesamten Supply Chain.

Konkret, aber nicht detailverliebt. Bei der Konkretisierung der Prozesse ist es wichtig, dass Sie das richtige Maß der Detaillierung finden. Auf der einen Seite müssen die Vorgaben so konkret sein, dass Sie die spätere Umsetzung straff steuern können. Auf der anderen Seite dürfen Sie nicht zu viel Energie in die theoretische Formulierung von Prozessen investieren, denn sonst verlieren Sie das Momentum für die Umsetzung. Sinnvoll ist es in jedem Fall, die wichtigsten Prozessveränderungen in einer Vorher-Nachher-Gegenüberstellung aufzulisten. Die Details der Veränderungen werden erst später im Zuge der Pilotierung und bei der Vorbereitung des Rollout festgelegt.

Verbesserungen pilotieren. Veränderungen der Supply Chain betreffen meist zahlreiche unterschiedliche Vertriebsregionen und Produktionswerke. Daher sind komplexe Supply-Chain-Prozessveränderungen nicht im Handumdrehen zu meistern. Bei der Umsetzung der Verbesserungsansätze hat sich ein mehrstufiges Vorgehen bewährt, das mit dem Test der Verbesserungen im Rahmen eines Pilotprojekts beginnt. Nach dem ersten Piloten können dann die Prozessveränderungen anhand der dabei gemachten Erfahrungen noch einmal auf den Prüfstand gestellt werden, bevor sie in den flächendeckenden Rollout gehen.

Ansätze zunächst im „Supply-Chain-Mikrokosmos" testen. Damit die Lerneffekte möglichst groß sind, sollte der Pilot die ganze Lieferkette von der Beschaffung bis hin zum Kunden in einem Teilausschnitt abbilden (Abbildung 8-4). Solche kleinen Ausschnitte eines Unternehmens, die alle Stufen und Beteiligten der Supply Chain umfassen, werden auch Mikrokosmos genannt. In einem solchen Mikrokosmos lässt sich die Umsetzung unter Echtbedingungen erproben. Auf diese Weise kann ein realistisches Fine-Tuning der neuen Prozessabläufe oder IT-Veränderungen stattfinden und der unternehmensweite Rollout der Prozesse optimal vorbereitet werden.

Abbildung 8-4: UMSETZUNG DES VERBESSERUNGSPROGRAMMS IN EINEM PILOTPROJEKT

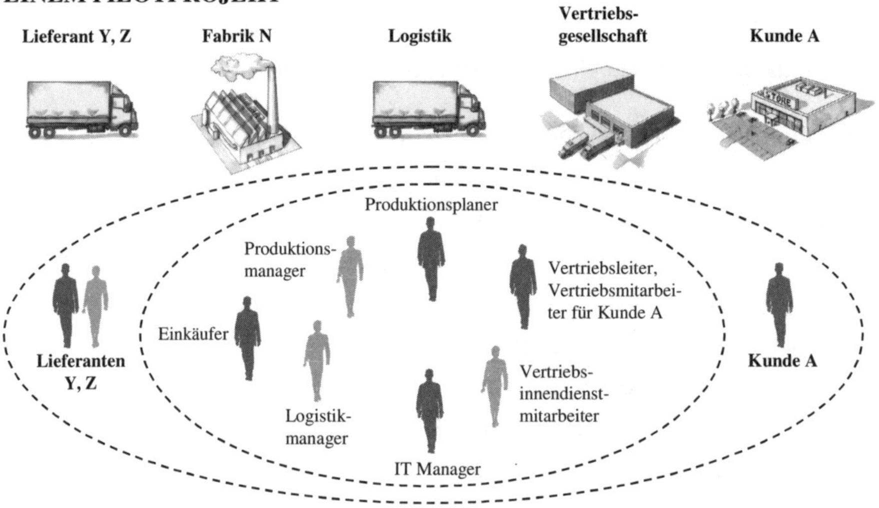

Der Mikrokosmos-Ansatz:
Pilotierung durch die rasche, praktische Umsetzung in einem „Mikrokosmos" – einem kleinen Ausschnitt eines Unternehmens, der aber die gesamte Supply Chain widerspiegelt und alle Schlüsselfunktionen umfasst

Rollout intelligent steuern. Der unternehmensweite Rollout der Verbesserungsansätze erfordert eine detaillierte Planung und ein gutes Prozessmanagement, denn es ist enorm schwierig, Supply-Chain-Ansätze in der richtigen Reihenfolge und am richtigen Objekt umzusetzen. Besonders komplex dabei ist, die Umsetzung der Prozesse und das Training der Mitarbeiter in neuen Abläufen an vielen Fronten gleichzeitig zu steuern. Eine entscheidende Rolle kommt dabei dem zentral verantwortlichen Steuerungsteam zu. Es hat die Aufgabe, sein Wissen über die neuen Zielprozesse in die Organisation hineinzutragen und die Kollegen bei der Einführung der neuen Prozesse zu betreuen und zu unterstützen. Bereits nach dem ersten Piloten kann das zentrale Steuerungsteam dann sukzessive erweitert werden, um einen zügigen Rollout sicherzustellen: Mitarbeiter, die gerade selbst einen neuen Prozess erlernt und umgesetzt haben, können im nächsten Schritt schon als Coach wirken und das erworbene Wissen weitervermitteln.

Häufig dauert der Rollout eines Supply Chain Redesign länger als 1 Jahr – und verlangt somit ein hohes Maß an Geduld vom Management und Standfestigkeit von den Supply-Chain-Verantwortlichen. Nur so sind aber die angestrebten Verbesserungspotenziale tatsächlich auch zu verwirklichen.

Prozesse kontinuierlich weiter verbessern. Mit einem einmaligen Verbesserungsprogramm kann zwar meist ein großer Leistungssprung bei der Supply Chain erreicht werden. Wenn Sie aber auf Dauer zu den Champions gehören möchten, müssen Sie sich ständig weiterentwickeln. Die Basis hierfür bieten zwei Ansatzpunkte: das regelmäßige Controlling und Benchmarking der Leistung sowie die Umsetzung einer Leistungskultur.

Ein kontinuierliches Supply Chain Controlling ist notwendig, damit Sie Verschlechterungen und Optimierungsmöglichkeiten schnell identifizieren können. Das setzt voraus, dass Sie – wie in Kapitel 7 „Controlling" beschrieben – die wichtigen Kennzahlen kontinuierlich erheben und auswerten. Gleichzeitig müssen Sie die Supply-Chain-Leistung regelmäßig vergleichend, d.h. anhand von Referenzpunkten, bewerten. Aus dem Vergleich einzelner Werke oder einzelner Vertriebsregionen untereinander lassen sich strukturelle Unterschiede und Leistungsunterschiede gut ablesen. Die Leistungsunterschiede können Sie dann im Detail untersuchen. Besonders wirkungsvoll ist es, auch fremde Unternehmen in das Benchmarking mit einzubeziehen: So vermeiden Sie Betriebsblindheit und erhalten häufig besonders wertvolle Verbesserungsideen für Ihr Optimierungsprogramm.

Entscheidend für die Realisierung eines kontinuierlichen Verbesserungsprozesses ist es, eine Leistungskultur im Unternehmen zu etablieren: Die kontinuierliche Leistungsverbesserung muss organisatorisch stark verankert sein; die Mitarbeiter müssen den Leistungsausbau motiviert vorantreiben. Um dies zu erreichen, ist es nicht nur erforderlich, auf Anreizsysteme zurückzugreifen, sondern insbesondere auch, eine klare Kommunikation zu betreiben. Die Ziele müssen für alle Mitarbeiter nachvollziehbar sein, und Abweichungen sind direkt anzugehen. Das Beispiel Henkel-Kosmetik zeigt, wie ein jahrelanger Verbesserungsprozess aussehen kann.

Henkel: Erfolgreiche Neustrukturierung der Kosmetikproduktion in Europa

Gastbeitrag von Schwarzkopf & Henkel

Die Entwicklung des Markenartikelherstellers Henkel ist seit Jahren durch ein kontinuierliches, profitables Wachstum gekennzeichnet. Im Unternehmensbereich Kosmetik Körperpflege, der unter dem Namen Schwarzkopf & Henkel firmiert, wuchs der Umsatz seit Mitte der 90er Jahre um über 70%. Im gleichen Zeitraum wurde die gesamte Kosmetikproduktion für den Kernmarkt Europa neu gestaltet und so eine nachhaltige Effizienzsteigerung erzielt.

Abbildung 1: UMSATZENTWICKLUNG SCHWARZKOPF & HENKEL
in Mio. EUR

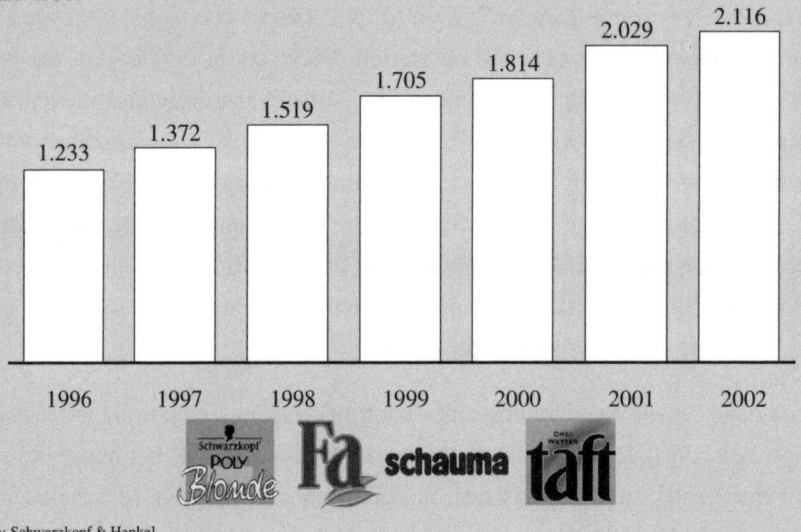

Quelle: Schwarzkopf & Henkel

Starkes Markenportfolio, führende Marktposition

Schwarzkopf & Henkel verfügt über ein starkes Markenportfolio in den Bereichen Haarcolorationen, Haarstyling und -pflege, Körperpflege, Hautpflege, Mundhygiene und Düfte. Beispiele europaweit erfolgreicher Marken sind Poly, Taft und Schauma in der Haarkosmetik, die Körperpflegemarke Fa, die Gesichtspflegemarken Diadermine und Aok sowie die Zahncreme Theramed. Mit einem Umsatz von rund 2,1 Mrd. EUR im Geschäftsjahr 2002 – ein Anteil von 22% des Konzernumsatzes – ist Schwarzkopf & Henkel der drittgrößte Kosmetikanbieter in Europa und die Nummer 10 auf dem Weltmarkt. Etwa 80% des Umsatzes entfallen auf das klassische Einzelhandelsgeschäft, die restlichen 20% auf das Friseurgeschäft. Das betriebliche Ergebnis wurde 2002 gegenüber dem Vorjahr überproportional um 10,8% auf 184 Mio. EUR gesteigert.

Große Herausforderungen für die Produktion

Einen maßgeblichen Beitrag zum Erfolg des Henkel Cosmetic-Geschäfts leisten die effizienten Produktionsstrukturen, die in den letzten Jahren europaweit geschaffen wurden. Das verantwortliche Management von Henkel und die hinzugezogenen Beraterteams von McKinsey hatten dabei komplexe Aufgabenstellungen zu bewältigen. Schon grundsätzlich ist die Produktion einer so umfangreichen Palette von Kosmetika sehr anspruchsvoll, da eine Vielzahl von unterschiedlichen Produktgruppen, Rohstoffen, Rezepturen und Verpackungen zu berücksichtigen ist und Henkel nicht nur hohe Stückzahlen produziert, sondern auch auf die Erfüllung höchster Qualitätsstandards Wert legt. Die größten Herausforderungen bestanden allerdings in der Integration von Firmenzukäufen und der Neuausrichtung der bislang nationalen Supply-Chain-Strukturen der Fabriken in Europa.

Die Ausgangssituation in den 90er Jahren

Anfang der 90er Jahre gab es in jedem europäischen Land, in dem Henkel präsent war, mindestens ein Werk mit historisch gewachsenen, stark national ausgerichteten Produktionsstrukturen. Eine länderübergreifende Produktion und Supply-Chain-Organisation gab es damals noch nicht. Diese Situation verschärfte sich im Jahr 1992 durch die Akquisition der Konsumgütersparte Barnängen des schwedischen Konzerns Nobel Industrier AB sowie 3 Jahre später durch den Zukauf des

Traditionsunternehmens Hans Schwarzkopf GmbH. Im Zuge dessen stieg die Zahl der Henkel Kosmetik-Werke von ursprünglich 8 im Jahre 1990 auf 22 in den Jahren 1994 und 1995. Keines der Werke war jedoch voll ausgelastet, geschweige denn spezialisiert.

Abbildung 2: SCHWARZKOPF & HENKEL-WERKE IN EUROPA 1994/95

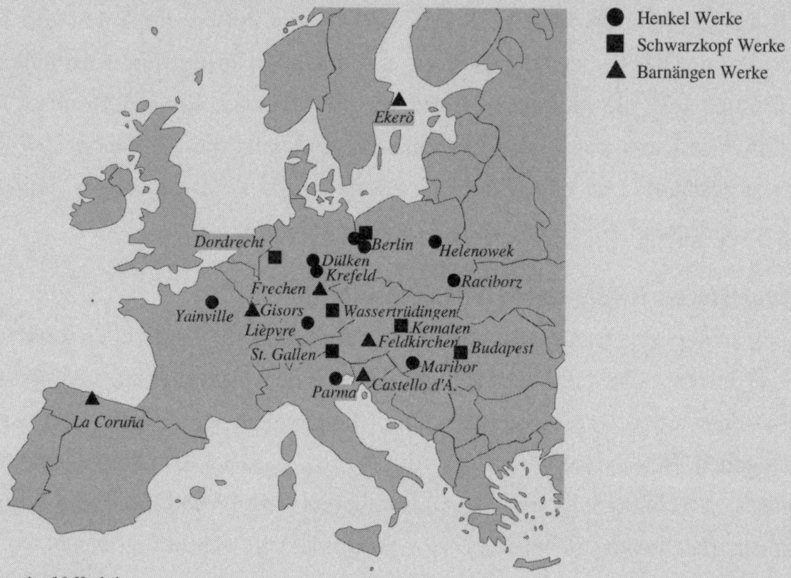

Quelle: Schwarzkopf & Henkel

Ehrgeizige Zielsetzungen für eine umfassende Neustrukturierung

Die Situation in der Mitte der 90er Jahre erforderte eine umfassende Neuausrichtung der Kosmetikproduktion, um Synergien aus den Akquisitionen nutzen und langfristig Wettbewerbsvorteile realisieren zu können. Es wurden folgende Ziele gesetzt:

- Reduktion der Bereitstellungskosten, um Raum für zusätzliche Investitionen zu schaffen und den Deckungsbeitrag sowie das operative Ergebnis zu verbessern

- Senkung des in Beständen und Maschinen gebundenen Kapitals, um eine bessere Rendite auf das investierte Kapital zu erwirtschaften

- Verkürzung der Durchlaufzeiten sowie Steigerung der Flexibilität und Lieferqualität, um den Anforderungen der Kunden und Konsumenten besser gerecht zu werden.

Die Neuausrichtung umfasste die Konsolidierung der Produktionsstätten, die Optimierung der Produktionsprozesse, die Integration der Supply-Chain-Organisation und die Neugestaltung der Planungsprozesse. Insgesamt erstreckte sie sich über einen Zeitraum von 8 Jahren und mündete in die Etablierung eines kontinuierlichen Verbesserungsprozesses mit regelmäßigem Benchmarking.

Abbildung 3: DIE NEUAUSRICHTUNG IN 4 SCHRITTEN

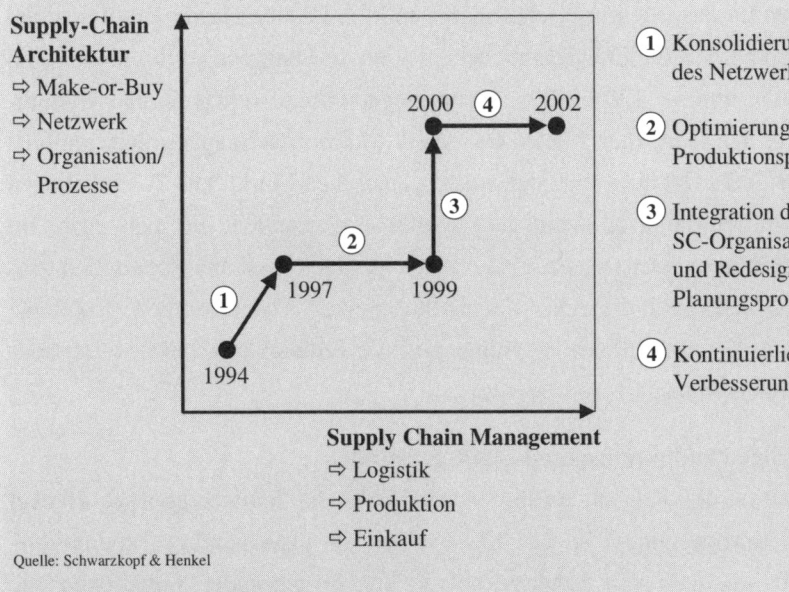

Quelle: Schwarzkopf & Henkel

Konsolidierung der Produktionsstätten

Den Auftakt der Neuausrichtung im Jahr 1995 bildete die Konsolidierung der Produktionsstätten, da die damals 22 europäischen Werke nur eine durchschnittliche Auslastung von maximal 40% aufwiesen. Die Standorte sollten reduziert und zu einem Produktionsnetzwerk verknüpft werden, um kostensenkende Skaleneffekte zu erzielen und gebundenes Kapital freizusetzen. Dazu wurde zunächst die optimale Werkskonfiguration bestimmt. Basis hierfür waren Prognosen über die zukünftigen Absatzvolumina und Transportkosten sowie Maßnahmen zur Verpackungsvereinheitlichung, insbesondere die bereits im Jahr 1994 eingeführte Euro-Bottle. Ebenso wurde geprüft, welche Produkte kostengünstiger in Kooperation mit Zulieferern hergestellt und über den Einkauf bezogen werden können. Am Ende verblieben von den ursprünglich 22 nur noch 7 Standorte, die deutschen Werke Wassertrüdingen in Franken sowie Dülken am Niederrhein, Lièpvre im Elsaß, La Coruña im Nordwesten Spaniens, Maribor in Slowenien, Parma in Italien und Raciborz in Polen. Ihnen wurde jeweils ein spezialisiertes Produktportfolio mit den entsprechenden Produktionstechnologien zugeordnet. So werden heute in Wassertrüdingen hauptsächlich Aerosole, Deos sowie Haarcolorationen für das Frieseurgeschäft hergestellt, in Dülken Haarcolorationen und Hautpflegeprodukte für Endverbraucher, in Lièpvre Shampoos, Duschbäder und Schaumbäder und in La Coruña Mundpflegeprodukte sowie einige Flüssigprodukte für den iberischen Markt. Das Werk Maribor ist hauptsächlich regional ausgerichtet, beliefert aber auch den westeuropäischen Markt. Die 7 verbliebenen Fabriken wurden damit in Kompetenzzentren umgewandelt, die nicht mehr im Wettbewerb miteinander stehen, sondern sich zu einem gesamteuropäischen Produktionsnetzwerk für die Henkel-Kosmetik ergänzen. Das erfreuliche Ergebnis: Bereits nach der ersten Phase war eine positive Entwicklung bei den Herstellkosten zu verzeichnen.

Eigenständige Produktionsgesellschaft gegründet
Als Abschluss der Konsolidierung wurde 1998 die Schwarzkopf & Henkel Production Europe GmbH & Co. KG (SHPE) als eigenständige Produktionsgesellschaft innerhalb von Schwarzkopf & Henkel gegründet. Funktionen wie Personal, Accounting, IT und Einkauf sind damit zentral organisiert. Die zentrale Produktionsgesellschaft hat vor allem den Vorteil, sämtliche Bereitstellungskosten bündeln und transparent machen zu können. Dies erlaubt es, Endpreise zu kalkulieren, die die tatsächlichen Supply-Chain-Kosten beinhalten und mit denen der Wettbewerber vergleichbar sind.

Abbildung 4: EUROPAKARTE SCHWARZKOPF & HENKEL NACH DER KONSOLIDIERUNG

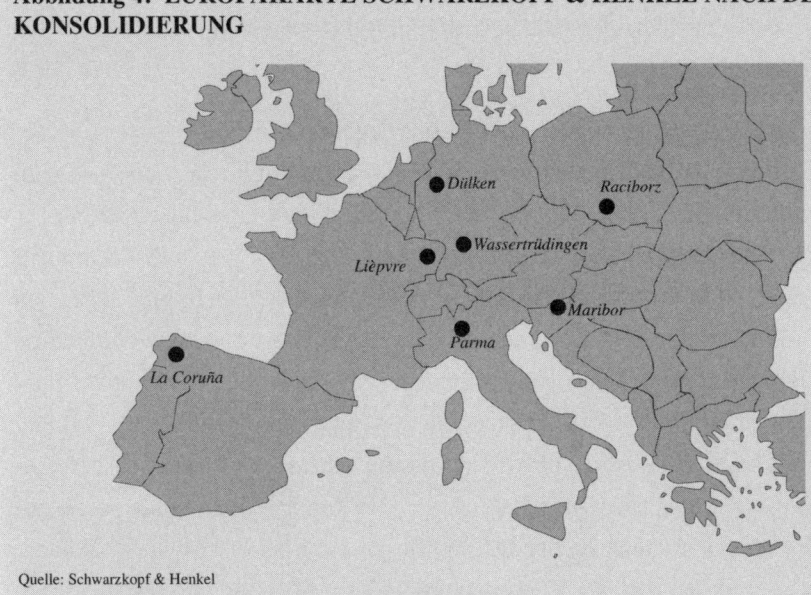

Quelle: Schwarzkopf & Henkel

Optimierung der Produktionsprozesse

In der zweiten Phase der Neuausrichtung wurden zunächst die Produktions-prozesse in den verbliebenen Werken systematisch analysiert, da die Linieneffizienzen bisher bei lediglich 50 bis 60% lagen und es darüber hinaus noch einen hohen Anteil an personalintensiven Aktivitäten gab. Die verbliebenen Werks-stückkosten sollten noch einmal drastisch reduziert werden. Untersucht wurden Möglichkeiten zur Steigerung der Personalproduktivität, der Optimierung beglei-tender Funktionen sowie der Erhöhung der Werkskapazität durch Optimierung des Ausstoßes pro Zeiteinheit. Eine Kernkostenanalyse gab Aufschluss über den Status quo und zeigte die besten Verbesserungsansätze für jedes Werk auf. Als Instrument zur Steigerung der Linieneffizienz wurde die „Bottleneck Logic" ein-gesetzt, die eine pragmatische Optimierung und Entkopplung von Maschinen-aggregaten ohne zusätzlichen Kapitalaufbau ermöglicht. Damit gelang es, die Linieneffizienz an ausgesuchten Linien auf über 80% zu steigern. Auch die Lieferanten wurden in die zweite Phase der Neuausrichtung von Beginn an mit eingebunden. So arbeitet SHPE heute intensiv mit der Methode des Supplier

Managed Inventory (SMI) zur Erhöhung der Flexibilität und zur Reduktion unnötiger Schnittstellen. Das Ergebnis der Optimierungsanstrengungen war ein voller Erfolg.

Einführung eines europaweiten Materialmanagements

Die dritte Phase der Neuausrichtung war der Integration der Supply-Chain-Organisation und der Neugestaltung der Planungsprozesse gewidmet. Die Supply Chain wies anfänglich Fertigwarenbestände von 60 bis 70 Tagen auf. Zudem war die Produktion zu unflexibel: zwischen Bestellung und Lieferung lagen im Durchschnitt 12 Wochen. Das Ziel lautete daher, durch eine bessere Koordination der Beteiligten und schnellere Planungsprozesse die Flexibilität der Supply Chain zu erhöhen und die Bestände zu senken. Dazu war eine komplette Neugestaltung der Supply Chain erforderlich. Grundlage hierfür waren klare, exakt an den Anforderungen der Kunden ausgerichtete Ziele: Die Supply Chain sollte so ausgestaltet sein, dass es möglich ist, schnell und flexibel auf die Wünsche der Kunden zu reagieren und dadurch Wettbewerbsvorteile zu erreichen. Zu diesem Zweck wurde eine neue, europaweite Materials-Management-Organisation gegründet.

Ihre Aufgabe besteht darin, die Interessen von Vertrieb und Produktion gleichermaßen zu berücksichtigen und stets die ideale Kombination aus Lieferzuverlässigkeit, Bestand und Produktionskosten zu finden. Diese übergeordneten Planungsprozesse wurden von SHPE übernommen, was Produktion und Vertrieb in die Lage versetzte, sich noch stärker auf die Verbesserung ihrer eigenen Prozesse zu konzentrieren. In der Produktion wurden die Abläufe in den Werken weiter optimiert, wobei ein besonderer Schwerpunkt auf der Verkürzung der Rüstzeiten lag. Ziel der flexibleren Produktion war es, die Produktionsfrequenz und die Lieferzeiten zu verkürzen. Im Vertrieb wurde das Hauptaugenmerk auf das Forecasting gelegt. Neu eingeführt wurde auch die regelmäßige Messung von Erfolg und Misserfolg. Die Produktionsstätten und die Vertriebseinheiten erhalten seither einen sehr genauen Überblick über ihre aktuelle Leistung und sich abzeichnende Entwicklungen. Diese Transparenz erlaubt es, Schwachstellen zügig aufzudecken und zu beheben. Auch die dritte Phase der Neuausrichtung führte zu positiven Ergebnissen: Durch die Einführung des europaweiten Materials Managements konnten die Warenbestände um bis zu 80 Mio. EUR reduziert werden,

wodurch die Bestandsreichweite um ca. 30% gesenkt werden konnte. Gleichzeitig wurde ein Serviceniveau erreicht, das eine hohe Kundenzufriedenheit
sicherstellt.

Prozess der kontinuierlichen Verbesserung eingeleitet

Als letzte Phase der Neuausrichtung wurde ein Prozess der kontinuierlichen
Verbesserung eingeleitet, um bei zukünftigen Entwicklungen stets auf der Höhe
der Zeit zu bleiben. Ein wichtiges Instrument dazu ist das regelmäßige Produk-
tionsbenchmarking. Durch die Einführung eines europaweiten Controllings im
Rahmen der Integration der Supply-Chain-Organisation gab es bereits eine gute
interne Vergleichsbasis für die Qualität der Supply-Chain-Prozesse. Mittels
Benchmarkings wurde die Leistung der Produktion auch im Vergleich zum Wettbewerb dargestellt. Ein Blick in die Produktionshallen von Unternehmen wie
Unilever, Colgate, Nestlé und Reckitt Benckiser bestätigte die positiven
Ergebnisse der bisherigen Maßnahmen. Darüber hinaus wurden weitere Ver-
besserungsansätze im strukturellen und personellen Bereich identifiziert. Diese
Potenziale werden im Rahmen des kontinuierlichen Verbesserungsprozesses
zügig realisiert.

Abbildung 5: BENCHMARKING

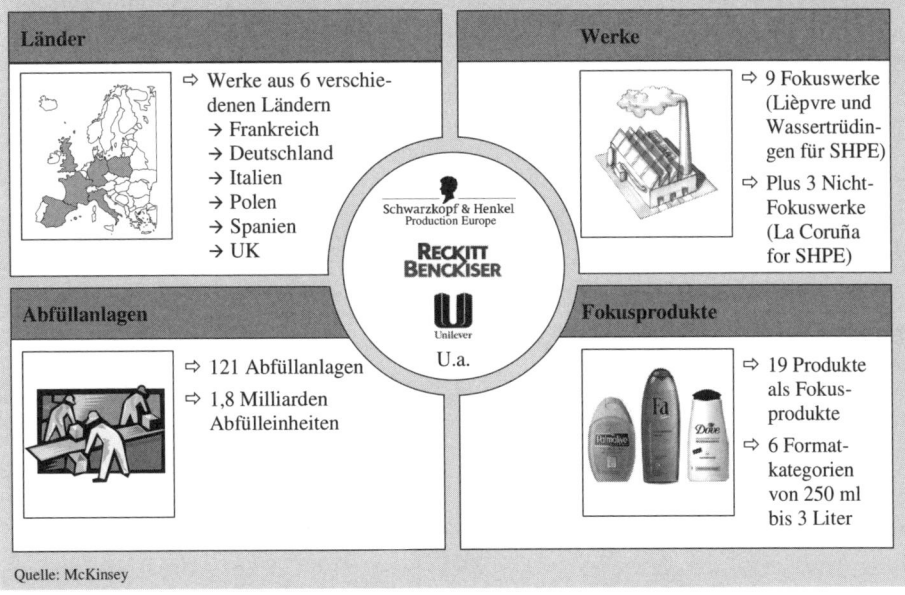

Quelle: McKinsey

Wettbewerbsfähigkeit nachhaltig gesichert

Die Neuausrichtung der Produktion auf Europa war ein wichtiger Beitrag zur Stärkung und Zukunftssicherung des Unternehmensbereichs Kosmetik/Körperpflege von Henkel. Alle Ziele, die am Anfang der Neuausrichtung definiert wurden, konnten erreicht werden: Es gelang, einem Anstieg der Stückkosten entgegenzuwirken und das gebundene Kapital um über 60% zu senken. Gleichzeitig wurden die Flexibilität und der Service für die Kunden weiter verbessert. In allen SHPE-Werken zusammen werden heute rund 770 Mio. Einheiten pro Jahr produziert – mit einer Effizienz, die die Wettbewerbsfähigkeit von Henkel im europäischen Kosmetikmarkt nachhaltig sichert. Zu den wesentlichen Erfolgsfaktoren der Umsetzung zählte die nachdrückliche Unterstützung durch die Unternehmensführung. Ebenso sicherten die enge Einbindung und das Engagement aller Beteiligten den Erfolg. Wichtig war es auch, die Neuausrichtung in allen Abschnitten mit einem konsequenten Monitoring zu begleiten. So bestand jederzeit Klarheit darüber, welche Ergebnisse bereits erreicht worden waren und wo gegebenenfalls nachgebessert werden musste.

Fabrik des Jahres

Eine deutliche Bestätigung für den Erfolg der Maßnahmen ist die Auszeichnung der größten SHPE-Produktionsstätte im Jahr 2003: Bei dem von der Fachzeitschrift *Produktion* ausgeschriebenen Wettbewerb „Fabrik des Jahres" belegte das Werk Wassertrüdingen stellvertretend für alle anderen SHPE-Werke den 1. Platz in der Kategorie Produktionslogistik.

Der Autor:

Michael Horstmann ist Geschäftsführer der Schwarzkopf & Henkel Production Europe GmbH & Co. KG (SHPE).

Wir hoffen, wir haben Ihnen mit unserem Buch ein wenig Stoff zum Nachdenken und eine Reihe von Ideen geliefert. Jetzt liegt es an Ihnen, die nächsten Schritte zu planen und zu gehen, um zu den Champions aufzuschließen. Handlungsbedarf besteht dabei für jedes Unternehmen, auf dem bisher Erreichten ausruhen kann sich niemand – denn auch wer heute noch Champion ist, kann sich schon morgen unter den Verfolgern wiederfinden. Umgekehrt gilt jedoch: Wer sich kontinuierlich weiter entwickelt, kann den Anschluss an die Spitze finden und seine Spitzenposition halten.

Und was machen Sie morgen?

Literaturverzeichnis

D. Ahlert, S. Borchert: Prozessmanagement im vertikalen Marketing – Efficient Consumer Response (ECR) in Konsumgüternetzen; Berlin: Springer-Verlag, 2000

M. Braun, U. Kopka, T. Tochtermann: Promotions – ein Fass ohne Boden?; in: Mckinsey akzente 27 (April 2003), S. 16 - 23

CCG: ECR-Monitor/ECR-Status Deutschland; Köln: CCG-Bericht, 2001

Eurohandelsinstitut: Handel aktuell 2002 - Struktur, Kennzahlen und Profile aus dem deutschen und internationalen Handel; Köln: EHI-Verlag, 2002

J. Großpietsch: Supply Chain Management in der Konsumgüterindustrie; Lohmar: Eul-Verlag, 2003

R. Handfield, E. Nichols: Introduction to Supply Chain Management; New Jersey: Prentice Hall, 1999

R. Hieber: Supply Chain Management – A collaborative performance measurement approach; Zürich: vdf Hochschulverlag, 2002

W. E. Hoover, E. Eloranta, J. Holmström, K. Huttunen: Managing the Demand-Supply Chain: Value innovations for customer satisfaction; New York: John Wiley & Sons, 2001

H. Lee, P. Padmanabhan, S. Whang: The Bullwhip effect in Supply Chains; in: Sloan Management Review, 38 (1997) 1, S. 93 - 112

J. Mentzer: Supply Chain Management; Thousand Oaks: SAGE, 2001

Metro MGL Logistik GmbH: Ganzheitliche Handelslogistik: Innovation in der Supply Chain durch einen „Internal 4PL"; Düsseldorf: Metro MGL Logistik GmbH, 2002

R. Mronczka, R. Trent, R. Handfield: Purchasing and Supply Chain Management; Mason: South Wester, 2002

D. Seifert: Efficient Consumer Response – Supply Chain Management, Category Management und Collaborative Planning, Forecasting and Replenishment als neue Strategieansätze; München: Hampp, 2001

D. Seifert: Collaborative Planning Forecasting and Replenishment; Bonn: Galileo Press, 2002

S. Seuring: Supply Chain Costing – Kostenmanagement in der Wertschöpfungskette mit Target Costing und Prozesskostenrechnung; München: Vahlen, 2001

D. Simchi-Levi, P. Kaminsky, E. Simchi-Levi: Designing and Managing the Supply Chain; Boston: McGraw-Hill, 2000

Supply Chain Council: Supply Chain Operations Reference-model: SCOR Version 5.0; www.supply-chain.org, 2002

vdi/vde it, BMBF: Vertiko – Vertikale Kooperation zwischne Industrie und Handel; Bonn, 2002

Die Autoren

Prof. Dr. Ulrich Thonemann ist Universitäts-professor für Produktionsmanagement und Logistik an der Universität Münster und Direktor des Instituts für Supply Chain Management. Er hat Wirtschaftsingenieurwesen an den Universitäten Paderborn, San Diego, Berkeley und Stanford studiert, promovierte am Department of Industrial Engineering and Engineering Management der Stanford University und war Professor für Operations Management am Department of Management Science der Stanford University. Zuvor war er Projektleiter im Kölner Büro von McKinsey & Company, Inc.

Dr. Klaus Behrenbeck ist Partner von McKinsey & Company, Inc. und Office Manager des Kölner Büros. Als Mitglied der European Leadership Group für Handel und Konsumgüter berät er seit 1991 Konsumgüterhersteller und Händler in Europa und den USA. Vornehmlich beschäftigt er sich mit operativen, organisatorischen und strategischen Fragestellungen.

Dr. Behrenbeck hat Betriebswirtschaft an den Universitäten in Münster und London studiert und promovierte an der Universität Bamberg.

Raimund Diederichs ist Director im Wiener Büro von McKinsey. Als Leiter der European Supply Chain Management Practice und Mitglied der Leadership Group der European Operations Strategy & Effectiveness Practice entwickelt er Konzepte und Tools zu diesen Themen. Seine Einsatzgebiete sind europaweite Projekte im Bereich Operations, insbesondere Supply-Chain-Management-Projekte über eine breite Palette von Sektoren, vornehmlich in der Automobilindustrie, im Maschinen- und Komponentenbau, in der Papier- und Prozessindustrie sowie für Packaged Goods, Fashion und Consumer Electronics.

Dr. Jochen Großpietsch ist Berater im Kölner Büro von McKinsey & Company, Inc., und beschäftigt sich mit den Themen Operations und Organisation in der Konsumgüterindustrie und im Handel. Im Rahmen seiner Promotion am Institut für Supply Chain Management der Universität Münster führte er Interviews mit 58 Herstellern und Händlern und legte damit die empirische Basis für dieses Buch. Jochen Großpietsch hat ein Diplom in Betriebswirtschaft an der Universität zu Köln und einen Master of International Management (CEMS) in Köln und an der ESADE, Barcelona, erworben.

Dr. Jörn Küpper ist Partner im Kölner Büro von McKinsey & Company, Inc. Er ist Mitglied der European Packaged Goods Leadership Group und berät Konsumgüterunternehmen in Deutschland und anderen europäischen Ländern. Neben allgemeinen strategischen Fragen liegen seine Schwerpunkte insbesondere in den Bereichen Operations-Strategy und Supply Chain Management.
Dr. Jörn Küpper hat ein Diplom in Betriebswirtschaftslehre an der Universität des Saarlandes erworben und hat an der Universität Hannover promoviert.

Markus Leopoldseder ist Practice Manager der European Supply Chain Management Practice und Mitglied der Leadership Group der Europäischen Operations Strategy and Effectiveness Practice. In mehr als 150 Supply-Chain-Management-Projekten konnte er Erfahrungen quer über alle Branchen sammeln – mit Schwerpunkten in der Konsumgüter- und High-Tech-Industrie.
Markus Leopoldseder absolvierte das Studium der Elektrotechnik an der TU-Wien und war vor seinem Eintritt bei McKinsey in Marketing-, Projektleitungs- und Unternehmensberatungsfunktionen bei IBM tätig.